자연이
고스란히 담긴
우리 한옥

한눈에 펼쳐 보는 전통문화 ⑩
자연이 고스란히 담긴 우리 한옥

초판 1쇄 인쇄 | 2012년 5월 15일
초판 6쇄 발행 | 2020년 1월 30일

지은이 | 정민지
그린이 | 지문

발행인 | 양원석
기획 | 김경애
편집진행 | 이향숙
디자인 | 씨오디 Color of Dream
마케팅 | 윤우성, 유가형, 박소정

펴낸곳 | (주)알에이치코리아
주소 | 08588 서울특별시 금천구 가산디지털2로 53, 20층 (한라시그마밸리)
편집문의 | 02-6443-8921 도서문의 | 02-6443-8838 팩스 02-6443-8959
등록 | 2004년 1월 15일 제 2-3726호

ISBN 978-89-255-4695-7 (74380)
ISBN 978-89-255-4384-0 (세트)

어린이제품 안전특별법 표시 사항
제품명 도서 | **제조자명** (주)알에이치코리아 | **제조국명** 대한민국 | **전화번호** 02)6443-8800
주소 서울시 금천구 가산디지털2로 53, 20층(한라시그마밸리)

---

* 값은 책 뒤표지에 있습니다.
* 이 책은 저작권법에 따라 보호를 받는 저작물이므로 무단 전재와 무단 복제를 금하며,
  이 책 내용의 일부를 이용하시려면 반드시 저작권자와 (주)알에이치코리아의 서면 동의를 받아야 합니다.
* 잘못 만들어진 책은 구입하신 곳에서 교환해 드립니다.
* 모서리가 날카로워 다칠 수 있으니 사람을 향해 던지거나 떨어뜨리지 마십시오.

알에이치코리아 홈페이지와 블로그, SNS에서 자사 도서에 대한 더 많은 정보와 이벤트 혜택을 확인할 수 있으며,
전자책도 만나볼 수 있습니다.

홈페이지 http://rhk.co.kr | http://ebook.rhk.co.kr **페이스북** https://www.facebook.com/rhk.co.kr **블로그** http://randomhouse1.blog.me
유튜브 http://www.youtube.com/randomhousekorea **주니어RHK 포스트** https://post.naver.com/junior_rhk **인스타그램** @junior_rhk

한눈에 펼쳐 보는 전통문화 ⑩

자연이
고스란히 담긴

우리 한옥

글·정민지 그림·지문

주니어 RHK

시리즈 소개
한눈에 펼쳐 보는 전통문화

〈한눈에 펼쳐 보는 전통문화〉는 어린이들에게 한국인으로서의 긍지와 뿌리를 심어 주는 전통문화 시리즈입니다. 재미있는 한 편의 이야기를 읽다 보면 자연스레 우리 조상들의 슬기와 지혜를 엿볼 수 있어요. 정확한 설명과 그림 정보들을 통해 우리 전통문화 유산에 대한 지식을 쌓을 수 있습니다. 또한 책 속 부록으로 제시된 '한눈에 펼쳐 보는 전통문화' 코너를 통해 본문 이야기 속에 제시된 전통문화 정보를 한눈에 파악할 수 있어요.

재미있는 이야기와 풍부한 정보가 가득합니다!

조상들의 생활과 풍습에 관한 재미있는 이야기, 역사와 문화재에 대한 올바른 정보, 자랑스러운 국보와 과학 기술이 돋보이는 주거 생활, 다양한 도구들, 예로부터 전해져 내려오는 바른 먹을거리, 복식 문화 등 우리나라의 전통문화를 총망라하여 내용을 구성하였습니다.

쉽고 자세한 그림으로 어린이들의 이해를 돕습니다!

이야기에 나오는 재미 위주의 장면 그림보다는 정보 부분에 해당하는 그림만 수록하여 보다 쉽고 자세하게 전통문화 관련 정보를 익힐 수 있도록 했습니다. 특히 주제별로 하나씩 큰 그림들을 모아 책 속 부록으로 재구성한 '한눈에 펼쳐 보는 전통문화' 코너를 통해 그림만 살펴보더라도 전통문화를 쉽게 파악하여 지식을 쌓을 수 있습니다.

한 편의 재미있는 이야기 속에 권별 주제와 관련된 정보가 알차게 담겨 있어요.

어린이들이 이해하기 쉬운 그림을 통해 전통문화를 설명하고 있어요.

이야기 속에 등장한 전통문화 관련 정보를 한눈에 파악할 수 있도록 구성하였어요.

〈교과연계표〉 자연이 고스란히 담긴 우리 한옥

학년	교과목	단원
3학년	1학기 [사회]	2. 우리가 알아보는 고장 이야기
4학년	1학기 [사회]	2. 우리가 알아보는 지역의 역사
5학년	1학기 [사회]	1. 국토와 우리 생활

 차례

1. 신비 마을의 여덟 아이들 …… 10
   우리 한옥 구석구석 **지역별 집 모양** …… 18

2. 위풍당당한 솟을대문 …… 20
   우리 한옥 구석구석 **제주도 대문** …… 26

3. 보일 듯 말 듯한 담장 …… 28
   우리 한옥 구석구석 **울릉도 우데기** …… 34

4. 해의 기운이 가득한 마당 …… 36
   우리 한옥 구석구석 **자연을 닮은 정원** …… 42

5. 사랑채 지나 안채 …… 44
   우리 한옥 구석구석 **한옥의 구조** …… 54

6. 학의 날개처럼 아름다운 지붕 …… 56
   우리 한옥 구석구석 **지붕** …… 64

7. 창문으로 들어온 반가운 손님 …… 66
   우리 한옥 구석구석 **한지** …… 74

8. 정다운 벗으로 가득한 마루 …… 76
   우리 한옥 구석구석 **든든한 기둥** …… 82

9. 마음까지 녹이는 따뜻한 온돌 …… 84
   우리 한옥 구석구석 **굴뚝** …… 90

10. 새롭게 태어난 한옥 …… 92
    우리 한옥 구석구석 **화려한 단청** …… 98

〈부록〉 한눈에 펼쳐 보는 전통문화 **우리 한옥**

여는글
자연이 고스란히 담긴 우리 한옥

누구나 집에 살아요. 하늘을 날아다니는 새들도 정성껏 나뭇가지로 둥지를 만들어 집을 만들고, 두더지는 열심히 땅을 파서 집을 만들지요. 저마다 평화와 행복을 위해 자기에게 맞는 집을 지어요.

사람들도 아주 오래 전부터 자연 환경에 맞는 집을 짓고 살아왔어요. 집이 있어야 춥고, 더운 날씨를 이겨내고, 사나운 동물들로부터 안전하게 생활할 수 있지요. 이처럼 집은 우리에게 음식, 옷과 더불어 가장 중요한 것 중에 하나예요.

아주 오래전, 집이 처음 생겨났을 때부터 사람들은 어떻게 하면 더 편안하고 행복한 집에서 살 수 있을지 연구하고, 또 연구했어요.

그렇게 해서 눈과 얼음으로 뒤덮인 극지방에 사는 에스키모 인들은 환경에 맞게 얼음으로 '이글루'라는 집을 지었고, 유목 생활을 하는 몽골 사람들은 이동하기 편리한 '게르'라는 천막집을 지었어요.

　이렇듯 집에는 각 나라의 환경과 그것에 적응해서 살아가는 사람들의 마음과 생각이 담겨 있어요.

　우리나라의 한옥이라 불리는 전통 가옥에도 우리나라의 아름다운 자연이 고스란히 담겨 있어요. 또 우리 조상들의 정서가 담겨 있지요. 마당이 훤히 들여다보이는 야트막한 담장, 웅장하면서도 날렵한 기와지붕, 둥근 달과 잘도 어울리는 소박한 초가지붕, 온 가족이 모여서 도란도란 이야기하며 수박이나 옥수수를 나누어 먹을 수 있는 대청마루……

　어떤 옷을 입느냐에 따라 사람의 행동이 달라지듯, 한옥에 있으면 우리는 잊고 있었지만 우리 몸에 배어 있던 한국 사람들의 정서가 몸으로 표현돼요. 자연과 사람에 대한 깊은 정을 가진 조상들의 마음이 느껴지지요.

　아는 만큼 보인다는 말처럼 우리 겨레가 살아온 한옥에 대해서 알게 된다면 다음에 만나는 한옥은 훨씬 더 크고, 아름다우며, 살가운 가족처럼 가깝게 느껴질 거예요.

한옥이란?
신비 마을의
여덟 아이들

      옛날 옛적에 뒤로는 숲이 우거지고, 앞으로는 시내가 흐르는 아주 아름다운 '신비 마을'이 있었어요.

  마을에는 산속에서 집채만 한 호랑이를 만나 맨손으로 물리쳤다는 사람들이 많았어요. 하지만 다행히 호랑이는 단 한 번도 사람들을 해치거나 마을로 내려오지 않았어요. 그래서 아이들은 산속에 정말 호랑이가 있는 걸까? 하는 의심을 하기도 했지만 마을 어른들은 그것이 모두 마을의 터가 좋아서라고 했어요.

  마을에는 열한 채의 집이 있는데, 마을 가운데에 있는 마당이 넓은 집에는 '일지, 월도, 화량, 수련, 목하, 금천, 토야, 가연'이라는 이름을 가진 여덟 명의 아이들이 살고 있었어요.

아이들은 날마다 온 집 안을 정신없이 뛰어다니며 신 나게 놀았어요. 그럴 때면 장독 뚜껑이 깨지거나, 텃밭에 심어 둔 고추 모종이 뭉개지기 일쑤였어요.

"이놈들!"

아버지가 호랑이처럼 무섭게 호통을 쳐야 잠깐, 아주 잠깐 조용해져요.

"집 안에서 그렇게 망아지처럼 뛰어다니면 어떡하느냐?"

아버지, 어머니는 아이들이 밝고, 건강하고, 현명하게 자랄 수 있기를 바랐어요. 그래서 일하는 시간을 빼고는 온 정성을 아이들에게 쏟았어요. 하지만 얼마 전부터 아버지의 건강이 많이 나빠졌어요. 어

풍수지리설

산, 물, 땅의 기운이 어우러져 그곳에 사는 사람의 운에 영향을 준다는 설이에요. 옛날에는 집터를 잡거나 무덤을 만들 때 풍수지리적인 위치를 중요하게 생각했어요. 풍수지리로 보았을 때 좋은 터를 명당이라고 해요. 이런 곳에 집을 짓거나 묘를 쓰면 좋은 일이 생긴다고 믿었어요.

배산임수

산을 등지고 물을 바라보는 곳을 이르는 말로, 풍수지리에서 가장 안정적이라고 생각하는 형태지요. 한편 옛날에는 산에서 나무를 해다가 땔감을 만들고, 논에 물을 대어 농사를 지었기 때문에 배산임수가 더 중요했어요.

한옥 건축의 총감독, 대목장

나무로 궁궐이나 사찰, 집을 짓는 일을 책임지고 맡아서 하는 사람을 '대목장', 또는 '도편수'라고 해요. 우리나라 전통 가옥은 나무를 뼈대로 해서 만드는 목조 건축물이에요. 그래서 건축 총 책임자는 나무를 다루는 대목장이 맡았답니다.

대목장
조선 시대에 가장 높은 대목장은 정5품의 관직을 받았어요. 그리고 단청을 칠하거나, 기와를 올리는 일을 하는 등 건축을 하는데 필요한 장인들을 조직으로 나누어 관리했어요.

소목장
건물 안에 들어가는 가구나 문과 같이 비교적 작은 것들을 만드는 사람이에요.

머니는 무척 걱정이 되었지만 아이들에게는 내색하지 않았어요.

그러던 어느 날, 아버지가 식은땀을 흘리며 풀썩 주저앉았어요. 어머니는 깜짝 놀라 아버지를 부축했어요. 하지만 아버지는 자기 몸이 아픈 것보다 가족들이 더 걱정이었어요. 아버지는 만약을 대비해서 가족들을 위해 무언가 준비해야겠다고 생각했어요.

아버지는 정든 집을 찬찬히 둘러보았어요. 집 안 구석구석 자신의 손길이 닿지 않은 곳이 없었어요. 아버지는 궁궐과 사찰을 짓는 '대목장'이거든요. 그래서 집도 손수 지었어요. 아버지는 집터를 잡을 때부터 무척 신중했어요. 아버지도 다른 어른들처럼 터를 잘 잡아야 가족들이 건강하고 일도 잘 풀린다고 생각했어요.

정말로 집터가 좋아서인지 대목장의 아이들은 지금까지 큰 탈 없이 잘 자랐어요.

숲에 있는 나무들은 아이들에게 맑고 신선한 공기를 만들어 주었고, 맑은 물이 흐르는 개울은 논을 더 기름지게 해서 건강한 곡식을 만들어 주었어요.

추울 때는 온돌을 따끈따끈하게 데워서 몸을 덥히고, 더울 때는 바람이 오고 가는 시원한 대청마루에서 땀을 식혔어요.

맏이인 일지는 아버지를 따라다니며 한옥 짓는 일을 배웠어요. 한옥에 대한 애정이 남다른 일지는 늘 집에 대한 생각뿐이었어요. 그래서 틈만 나면 아버지에게 질문을 해댔어요.

"아버지, 왜 방은 작게 만드시는 거예요? 마당은 저렇게 크게 만드는데 말이에요."

"방을 크게 만들면 공부를 하거나 잠을 잘 때 안정감이 적고, 겨울에는 무척 춥단다. 다양한 활동을 할 수 있는 마루와 마당이 있는데 무엇하러 방을 크게 만들겠느냐?"

"아, 그렇구나! 저는 무조건 크면 좋은 줄 알았어요. 헤헤."

"우리 한옥은 아버지, 어머니의 마음과도 같단다. 높고 웅장하지는 않지만 편안하고 다정하며 우아한 아름다움이 있어. 사치스럽고 화려한 겉모양보다는 그곳에 사는 사람의 건강을 먼저 생각한 집이지. 사람의 몸에 이로운 나무와 흙으로 집을 지어서 건강에도 좋고, 자연과도 잘 어우러져. 한옥은 자연 그 자체이기도 하지. 집 구석구석에는 작은 것까지 배려하는 마음도 담겨 있단다. 햇빛의 양을 적절하게 가려 주는 처마와 빛이 은은하게 비치는 창호, 보는 사람의 마음까지 편안하게 하는 안정적인 모양의 기둥, 가족과 이웃이 담소를 나눌 수 있는 넓은 마루와 마당, 아기자기한 아름다움이 깃든 꽃담……. 사람을 진심으로 사랑하지 않고서는 멋스럽고 아름다운 한옥을 지을 수 없단다."

일지는 아버지의 말을 듣고 집 안을 둘러보았어요.

새삼 작은 것 하나하나까지 전과는 다르게 보였어요. 그런데 그렇게 말하는 아버지의 옆모습이 어쩐지 힘들어 보였어요.

우리 몸에 꼭 맞는 한옥

우리나라의 전통 건축 양식으로 지은 집을 말해요. 크게 기와집과 초가집으로 나눌 수 있지요. 한옥의 가장 큰 특징은 온돌과 마루예요. 사계절이 있는 우리나라에서 여름에는 마루가 있어서 시원하고, 겨울에는 온돌이 있어서 따뜻하게 지낼 수 있어요.

기품 있는 곡선의 아름다움
건물의 단아하고 멋스러운 곡선이 평화롭고 아름다운 느낌을 줘요.

자연으로 만든 건강한 집
한옥은 자연에서 얻은 나무와 흙으로 만든 집이어서 자연과도 잘 어울리며 사람들의 건강에도 좋아요.

"아버지, 무슨 걱정이라도 있으세요?"

"아니다. 어느덧 네가 이렇게 의젓하게 컸는데 내가 무슨 걱정이 있겠느냐? 부디 지금처럼 언제나 동생들을 잘 돌보아 주거라."

"어디 멀리 가세요? 걱정 마세요. 제가 쫓아가서 도와드릴게요. 아버지한테 열심히 배워서 아버지보다 더 훌륭한 대목장이 될 거예요. 청출어람이라고나 할까요. 하하하!"

아버지에게 일을 배우며 함께 다니던 일지는 아버지의 기분을 풀어 주기 위해 농담을 했어요. 하지만 아버지는 일지의 말이 진짜 이루어

지길 바라며 미소를 지었지요.

"아버지, 궁궐 뒤에도 산이 있고, 앞으로는 개울이 흐르나요?"

"그럼. 궐 뒤에는 우리 뒷산보다 훨씬 큰 산이 있지. 앞으로는 우리 마을에 있는 개울보다 훨씬 더 큰 하천이 흐르고. 나라를 다스리는 임금님이 사는 곳인데 풍수를 안 보았겠느냐?"

"아, 그렇구나! 아버지, 저도 빨리 아버지처럼 궁궐을 짓고 싶어요. 다음에 궐을 지을 때는 저도 꼭 데려가셔야 해요."

"그래, 그러자꾸나!"

그렇게 몇 년이 흐른 어느 날, 아버지는 여덟 명의 아이들을 불러 앉혔어요. 그리고 각각 편지를 나누어 주었지요.

"나중에 때가 되면 펼쳐 보거라!"

"그때가 언제인데요?"

막내 가연이가 호기심에 가득 찬 눈으로 물었어요.

"때가 되면 저절로 알게 될 것이란다."

아버지는 아이들의 모습을 하나하나 살펴보며 눈 속에, 그리고 가슴 속에 담았어요. 그로부터 삼일 후, 아버지는 세상을 떠나고 말았어요.

아이들은 너무나 슬펐어요. 아이들은 모여서 아버지가 남긴 편지를 뜯어 보았어요. 아버지가 말한 그때가 바로 지금이라는 것을 누가 알려 주지 않아도 알 수 있었지요.

편지에 적혀 있는 아버지의 서체에서 아버지의 모습과 아버지의 목소리가 떠오르는 것 같았어요.

사랑하는 나의 아들, 딸들아!
더 많은 시간을 함께하지 못하는 것이 못내 아쉬워
내가 손수 지은 집으로 내 마음을 대신하려고 한다.
그 집들이 나 대신 남아 너희들이 힘들 때 따뜻한 위로와
평화를 주길 바란단다.
나는 세상을 떠나지만 나의 마음은 남아서
언제나 너희들을 지켜보며 영원히 사랑할 거란다.

아버지는 한 아이에게 한 채씩, 여덟 채의 집을 남겼어요. 각 편지에는 왜 그 집을 그 아이에게 주는지 이유와 집의 위치가 자세하게 적혀 있었어요.

우리 한옥 구석구석 지역별 집 모양

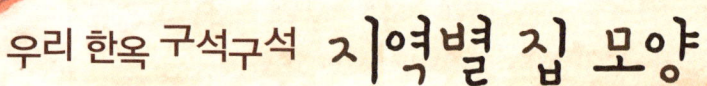

우리나라 땅은 위, 아래로 길쭉한 모양이에요. 북쪽으로 갈수록 더 춥고, 남쪽으로 갈수록 더 따뜻하지요. 그래서 집의 모양도 환경에 맞게 조금씩 다르답니다. 하지만 공통적으로 우리나라의 전통 가옥은 남향이나 동남향으로 지어요. 그래야 집 안에 해가 잘 들고, 겨울에 북쪽에서 불어오는 찬바람도 막을 수 있거든요.

중부 지역은 'ㄱ'자 형

마루와 온돌이 모두 필요한 중부 지역은 시원한 대청마루를 중심으로 'ㄱ'자 모양으로 되어 있어요. 겨울에는 따뜻하고, 여름에는 시원하지요. 중부 지역의 집은 북부 지역과 남부 지역 집들의 특징이 섞여 있어요.

북부 지역은 '田'자 형

추운 북부 지역에는 외양간, 부엌, 정주간과 방들이 오밀조밀 '田' 모양으로 모여 있어요. 이렇게 생긴 집을 '겹집'이라고 해요. 실내의 온기를 밖으로 빼앗기지 않기 위해서죠. 겨울이 되면 아주 춥기 때문에 온돌도 매우 중요해요.

정주간

솥을 걸어 불을 지피는 부뚜막에 방바닥을 이어 만든 것을 말해요. 추운 날씨에는 바람이 오가는 마루보다 온기가 훈훈한 정주간이 좋아요.

외양간

외양간도 집에 붙어 있어서 동물들도 비교적 따뜻하게 지낼 수 있어요.

남부 지역은 '一'자 형

여름이 길고 무더우며 겨울에도 별로 춥지 않아요. 그래서 바람이 잘 드나들도록 '一' 자형으로 집을 지어요. 특히 바람이 잘 드나들도록 마루를 넓게 만들고, 창문과 문도 많이 달아요.

대문

위풍당당한
솟을대문

　　　　　대목장의 여덟 아이들은 각각 자기에게 주어진 편지를 들고 길을 나섰어요. 첫째 아들인 일지가 가슴에 품고 있는 편지에는 이렇게 적혀 있었어요.

　일지야, 너는 누구보다 훌륭한 품성을 가진 아이란다. 가여운 사람을 위해 자신의 것을 양보할 줄 아는, 마음이 따뜻한 아이지. 그래서 훌륭한 대문을 보면 언제나 네 생각이 났단다. 어른이 되어서도 대문처럼 제 가슴을 열어 사람을 품을 줄 아는 사람이 되길 바란다.

　편지 아래에는 마을 지도가 그려져 있고, 커다란 대문 그림이 그려져 있었어요. 일지는 그림에 그려진 대문과 같은 집을 찾고 있었어요.

"거의 다 온 것 같은데? 이 길에는 온통 싸리를 엮어 만든 싸리문뿐이네?"

일지의 눈앞에는 얕은 싸리문이 활짝활짝 열려 있는 좁은 골목길이 보였어요. 그 길을 따라가다 보니 서민들의 삶을 그대로 볼 수 있었어요.

첫 번째 집에서는 어린아이가 싸리문 밖에서 강아지와 놀고 있었고, 두 번째 집에는 각설이가 찾아와 구성진 타령을 부르며 동냥을

싸리문

옛날에 초가나 농가에서 사용하던 문으로 나뭇가지, 싸리, 갈대, 수수깡 등을 엮어서 만든 문이에요. 특히 싸릿가지를 이용하는 경우가 많아서 '싸리문'이라고 했어요. 싸리문은 집을 비울 때나, 잠을 잘 때를 빼고는 평상시에는 열어 두었어요. 싸리문은 안전을 위해서 만들었다기보다 그냥 형식적으로 걸쳐 놓은 경우가 많았어요.

평대문
양옆의 담과 높이가 같은 대문을 말해요. 양반뿐만 아니라 살림이 넉넉한 평민들도 기와를 얹어서 평대문을 만들었어요.

행랑채
대문 옆에 붙어 있는 집채예요. '문간채'라고도 해요. 행랑채에는 주로 하인이 머물렀어요.

하고 있었어요. 그리고 그 다음 집에서는 나무를 판 돈으로 술을 먹고 왔다며 아낙네가 남편에게 바가지 긁는 모습이 보였어요.

활짝 열린 싸리문 안으로 보이는 모습들이 모두 친근해 보였어요.

"이렇게 욕심 없이, 숨길 것 없이 활짝 열린 싸리문은 이곳에 사는 사람들의 순수한 얼굴 같아. 이 마을에 산다면 하루라도 심심하거나 외롭지 않을 것 같아!"

일지가 길을 따라가다 보니 기와를 올린 아담한 대문 하나가 보였어요. 양옆의 담과 높이가 같은 평대문이었어요.

"어, 이 집인가?"

일지는 가슴에 넣어 두었던 편지를 꺼내 들었어요. 하지만 편지에 그려진 대문하고는 모양이 달랐어요.

"이건 평대문이잖아. 그림 속에 있는 것은 솟을대문이고!"

그때 행랑채에 있던 하인이 창문을 열고 빼꼼히 내다보며 말했어요.

"게 누구쇼? 누군데 남의 집 앞에서 구시렁거리고 있는 게요?"

"아, 저는 집을 찾고 있어요. 분명히 이 근처인데 찾을 수가 없네요. 혹시 이렇게 생긴 솟을대문을 본 적 있으세요?"

일지가 땀을 닦으며 조심스럽게 물었어요.

"아이고, 당연히 알지요! 대목장 어르신이 손수 지으신 집이잖아요. 얼마나 정성을 쏟아서 지으시던지. 저는 그 집 이웃에 살고 있다는 것만으로도 아주 영광이라니까요. 그 집은 대문이 아주 훌륭해요. 그 집 덕에 동네 분위기가 달라졌어요."

"그럼 어디에 있는지 알려 주실래요?"

일지가 얼굴 가득 미소를 지으며 말했어요.

행랑채에서 짚신을 대충 걸쳐 신고 쪼르르 밖으로 나온 하인은 일지에게 아주 자세하게 길을 안내해 주었어요.

"이 길로 쭉 가셔서요, 커다란 감나무를 지나 오른쪽으로 들어가면 바로 그 집이 있어요."

일지는 감사하다는 말을 남기고 서둘러 집을 찾아갔어요. 마을 중앙에 있는 감나무를 지나 돌아서니 정말로 웅장한 솟을대문이 있었

위풍당당한 솟을대문

평대문과는 달리 양옆에 있는 행랑채보다 높게 만든 대문을 '솟을대문'이라고 해요. 말이나 초헌을 탄 양반들이 그대로 문을 지날 수 있도록 높게 만든 것이에요. 솟을대문은 양반들만 만들 수 있었어요. 신분이 낮은 사람은 만들 수 없었기 때문에 높은 신분의 상징과도 같았어요.

초헌
양반들이 타고 다니던 수레로, 의자 아래에 바퀴가 하나 달려 있어요. 앞뒤로 채가 있어 중심을 잡고 끌 수 있도록 되어 있어요. 초헌은 종이품 이상의 벼슬아치만 탈 수 있었어요.

어요. **솟을대문은 양옆에 있는 행랑채보다 높게 만든 대문이에요.** 아버지가 우뚝 서서 양팔을 벌리고, '일지야, 나를 찾아오느라 고생 많았다'하고 계신 것만 같았어요. 일지는 있는 힘껏 달려가 솟을대문에 안기듯 몸을 던졌어요.

햇살을 받아 빛나는 대문은 따뜻한 온기로 일지를 반겨 주었어요.

"아버지!"

일지는 가만히 나무의 고운 결을 만지며 아버지를 떠올렸어요.

일지가 힘 있게 대문을 밀자 '삐거덕'하며 오랫동안 닫혀 있던 대문이 열렸어요. 일지가 한 걸음을 집 안으로 내딛는 순간 감탄이 절로 나왔어요.

"우아!"

넓은 마당과 웅장한 사랑채, 그리고 별채로 들어가는 또 다른 문들이 우뚝 서서 일지를 기다리고 있었어요.

"아버지가 만들어 주신 문을 열고 들어오니 또 다른 아름다운 세상이 있구나!"

일지는 힘차게 또 다른 문을 열고 들어갔어요. 그 뒷모습이 전보다 훨씬 더 듬직하게 자란 듯이 보였답니다.

우리 한옥 구석구석 제주도 대문

옛날에는 문이 없고 담이 낮아도 도둑이 잘 들지 않았어요. 특히 제주도에는 도둑이 더 없었어요. 그래서 지금 우리들처럼 대문을 철통같이 잠그지 않아도 괜찮았답니다. 제주도의 대문은 '정낭'이라고 했어요.

금방 돌아올 거예요!

오랫동안 집을 비울 거예요.

정낭
제주도에서는 커다란 대문 대신 기다란 나무를 이용했어요. 두 개의 정주먹에 구멍을 뚫고 그 사이에 나무 기둥 세 개를 걸쳐 놓았답니다. 이렇듯 특이하게 생긴 제주도의 문을 '정낭'이라고 해요.

정주먹
나무 기둥을 걸쳐 놓는 것으로 대문의 기둥 역할을 해요.

통시
제주도에서는 화장실을 '통시'라고 해요. 통시는 돌을 두세 단 정도 쌓아서 만들어요. 통시 아래에 돼지우리가 있는데 사람들이 통시에서 볼일을 보면 돼지가 먹었답니다.

보일 듯 말 듯한 담장

"아버지는 도대체 어디에 집을 지어 놓으신 거야? 그냥 포기하고 돌아갈까? 아휴, 다리야!"

월도는 투덜거리며 길을 걷고 있었어요. 성격이 워낙 급하고 욱해서 무슨 일이든 끝까지 하는 법이 없었어요. 그래서 그냥 주막집에 들러 국밥이나 한 그릇 먹고 어머니가 계신 집으로 돌아가야겠다고 생각했어요.

"아버지가 지도를 잘 못 그리셨나 봐! 이 주막집에서 뒤로 조금만 가면 있어야 하는데 없잖아!"

주막집에서 국밥을 기다리며 월도는 아버지 탓을 하고 있었어요. 그리고 다시 지도를 들여다보았어요.

토담
흙으로 쌓은 담이에요. 보통은 흙을 물에 개어 나무로 만든 틀에 부어서 벽돌로 만든 다음 담을 쌓았어요. 특히 토담을 쌓는 흙에 지푸라기를 섞으면 흙이 말라 갈라져도 지푸라기가 심지 역할을 해서 담이 무너지지 않아요.

이엉
볏짚이나 억새와 같은 것들을 엮어서 지붕이나 담 위에 얹은 것이에요.

돌담
돌들을 차곡차곡 쌓아 돌담을 만들기도 했어요. 빈틈 사이사이에 작은 돌멩이들을 박아 넣어야 무너지지 않고 튼튼해요. 아이들은 심심하면 돌담에 있는 돌멩이를 쏙쏙 빼기도 하고, 다른 돌을 박아 넣기도 했어요. 어른들은 몰래 보내는 편지를 숨겨 두기도 했답니다.

지도에는 확실히 '토담이 아름다운 주막집'에서 뒤로 가라고 표시되어 있었어요.

그리고 보니 주막집의 마루에 앉아서 내려다보이는 토담은 참 아름다웠어요. 야트막해서 길이 다 내다보이는데다 어찌나 정성껏 흙을 다듬었는지 빗물에 녹아서 흘러내린 곳이 별로 없었어요. 그리고 입구 옆에는 조약돌을 박아 작고 귀여운 거북을 만들어 놓았어요.

"주인장이 꼭 우리 아버지처럼 재치 있네."

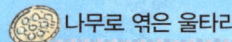
나무로 엮은 울타리
서민들은 주위에서 손쉽게 구할 수 있는 나무로 울타리를 엮어서 담을 대신하기도 했어요.

산울타리
살아 있는 나무를 집 둘레에 촘촘히 심어서 만든 울타리예요. 주로 탱자나무나 찔레나무를 심었는데, 계절에 따라 아름답게 피어나는 꽃들도 볼 수 있었어요.

굽바자
작은 나뭇가지로 만든 낮은 울타리예요.

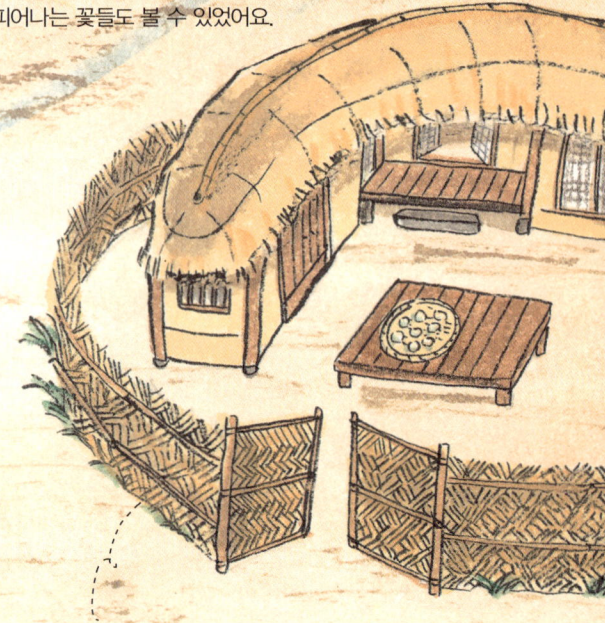

바자울
대나무 같은 재료로 잘 만든 울타리를 '바자울'이라고 해요.

싸리울
싸리나무로 만든 울타리예요. 싸리는 우리나라에서 흔히 자라는 나무로 서민들이 울타리를 만들 때 가장 손쉽게 구할 수 있는 재료였어요.

월도는 아버지 생각이 나서 가슴이 아릿해졌어요. 그래서 국밥을 먹고는 다시 힘을 내서 아버지가 만든 집을 찾아보기로 했어요.

"잘 먹고 갑니다!"

월도는 주막을 나와 다시 지도를 보며 길을 걸었어요. 골목을 돌아서니 초가집 주위에 탱자나무를 빼곡하게 심어서 산울타리를 만들어 놓은 집이 보였어요.

"집 주인이 누구인지 몰라도 산울타리를 아주 싱싱하고 정갈하게 잘 가꾸어 놓았네? 어, 그런데 저건?"

월도는 깜짝 놀라 탱자나무 산울타리 앞에 멈춰 섰어요. 산울타리 위에는 나무로 깎아 놓은 거북 한 마리가 능청스럽게 목을 쭉 빼며 한쪽 방향을 가리키고 있었거든요. 문득 아버지가 월도에게 늘 하시던 말씀이 떠올랐어요.

"거북처럼 느리더라도 끝까지 행해야 한다."

월도는 거북 등에서 무언가 발견했어요. 자그마한 글씨로 '포기하고 싶을수록 한 걸음만 더!'라고 적혀 있었어요.

월도는 거북이 가리키는 방향을 따라 서둘러 가 보았어요.

길을 따라 달려가다 보니 사괴석으로 차곡차곡 세련되게 담을 쌓아 놓은 집이 보였어요.

"아, 저곳이구나!"

월도가 그렇게 찾아 헤매던 집이 맞았어요. 집 안으로 들어가자 정

보일 듯 말 듯 아름다운 담장

전통 가옥의 담장은 도둑의 침입을 막기 위한 것이라기보다 구역을 나누고 시야를 가리기 위함이었어요. 그래서 야트막하게 만들었는데 양반집에서는 아름다운 모양으로 담장을 장식했어요.

꽃담
여러 가지 색이나 모양으로 무늬를 넣어서 쌓은 담이에요. '화초담'이라고도 해요.

사괴석 담장
네모 반듯하게 만든 돌을 차곡차곡 정갈하게 쌓아 올린 담이에요. 사괴석 하나의 길이는 200~250mm 정도 된답니다.

와편담
기와를 겹겹이 쌓아 올린 담이에요. 기와를 이용해서 가정의 화목과 복을 기원하는 문양을 만들기도 했어요.

샛담
건물과 건물, 혹은 문, 담을 연결하는 짧은 담이에요. 샛담에는 여러 가지 장식을 하기도 했어요. 안채에 연결된 샛담에는 포도송이 장식을 흔히 볼 수 있어요. 포도송이 무늬에는 자손이 많이 생기고 잘 되기를 기원하는 마음이 담겨 있어요.

내외담
집안의 공간을 나누는 담으로, 특히 여자들이 머무는 안채와 남자들이 머무는 사랑채를 나누는 담이에요.

겨운 와편담이 월도를 반기듯 서 있었어요. 샛담에는 탐스러운 포도 송이가 그려져 있었고, 안채와 사랑채를 나누는 내외담에는 커다란 거북 무늬가 들어 있었어요.

월도는 아버지가 자신을 위해 남겨 주신 집을 보니 아버지의 마음을 온전히 알 수 있을 것 같았어요. 성격이 급해서 일을 자꾸만 그르치는 월도가 인내심을 갖고 행복하길 바라는 마음 말이에요.

우리 한옥 구석구석 울릉도 우데기

아름다운 섬 울릉도는 화산 폭발로 만들어진 섬이에요. 분화구인 나리분지 외에는 평지를 찾아볼 수 없고, 해변은 온통 거대한 절벽을 이루고 있어요. 울릉도 사람들은 옛날부터 이런 자연 환경을 생각해서 특별한 집을 만들었어요.

우데기

울릉도에서 눈과 비바람을 막기 위해 건물 둘레에 친 외벽을 말해요. 울릉도는 겨울에 눈이 많이 내리기 때문에 눈이 집 안으로 들어오는 것을 막기 위해 우데기가 필요했어요. 우데기의 재료로는 억새나 옥수숫대 등을 사용했고, 우데기를 지탱하는 기둥도 따로 세웠어요.

축담

집채의 벽과 우데기 사이에 생기는 공간을 축담이라고 해요. 축담에는 곡식을 쌓아 두는 등 창고처럼 사용하기도 하고, 눈이 많이 내려 밖에 나갈 수 없는 겨울철에는 마당처럼 사용했어요. 여름에는 우데기가 뜨거운 햇살을 막아 주어 시원해요. 집채와 우데기와의 거리는 1미터가 조금 넘었어요. 부엌과 화장실을 물론이고 장독대도 우데기 안에 들어오도록 만들었어요.

거적문

짚을 두툼하게 엮어 만든 문이에요. 거적문은 문 위로 돌돌 말아 올려 고정해 둘 수 있었어요.

해의 기운이 가득한 마당

셋째 아들 화량도 아버지가 남긴 집을 찾아 길을 떠났어요. 화량은 오똑한 코와 선하고 큰 눈을 한데다 살결이 곱고 흰 편이라 멀리서 봐도 빛이 날 정도로 수려한 외모를 가지고 있었어요. 하지만 약한 체질을 타고나서 여름이면 배탈이 잘 나고, 겨울이면 감기를 달고 살았어요.

그런 화량이 말을 타고 터벅터벅 길을 가고 있는데 어느 집 머슴이 달려와 말고삐를 당기며 투덜거렸어요.

"아니! 새신랑이 이런 차림으로 오면 어떡해요? 어쨌든 늦었으니까 빨리 가자고요!"

화량은 무슨 영문인지 도통 알 수가 없었어요.

집안의 행사를 치르던 마당

옛날에는 방은 누워서 잠만 잘 만큼 자그마했지만 마당만큼은 넓게 만들었어요. 집 안의 특별한 행사들을 대부분 마당에서 치렀기 때문이에요.

혼례식
마당에서 혼례식도 치르고, 음식도 준비하고, 손님도 맞이했어요. 마당은 때에 따라 다양하게 변신을 했어요. 손님을 치를 때면 마당 한쪽에 솥뚜껑을 뒤집어서 걸어 놓고 전을 부쳤어요.

장례식
많은 문상객들이 찾아오면 마당에서 손님을 치렀답니다.

"이보시게! 나는 새신랑이 아니라네!"

하지만 머슴은 못 들었는지 화량의 말을 끌고 한창 잔치가 벌어진 집으로 들어갔어요.

"새신랑 도착이요!"

마당에 와글와글 모인 사람들이 일제히 화량을 쳐다보았어요. 화량은 너무 당황해서 그런지 점심에 먹은 것들이 배에서 난리를 쳤어요. 배가 너무 아파서 당장 뒷간에라도 가지 않으면 더 큰 망신을 당할 상황이었어요. 그래서 아무런 말도 못하고 쏜살같이 뒷간으로 달려갔어요.

화량이 뒷간에 간 사이에 진짜 신랑이 도착했어요.

"죄송해요. 길을 잘못 들어 시간이 좀 늦어졌습니다."

"아니, 그럼 아까 그 신랑은 누구야?"

사람들이 웅성거렸어요. 신부의 아버지는 무척 화가 났어요.

"내 딸의 혼례식 날, 누가 감히 가짜 신랑 행세를 했단 말이야?"

신부의 아버지는 당장 그 사람을 찾아 관가로 데려가 죗값을 물어야 한다고 호통을 쳤어요.

뒷간에서 그 말을 들은 화량은 도저히 사람들의 앞에 나타날 용기가 나지 않았어요. 그래서 뒷간에서 나와 옆으로 담을 살짝 넘어 달아나기로 마음 먹었어요. 화량은 한쪽에 쌓아 놓은 장작더미를 밟고 옆으로 살짝 넘어갔어요.

"아휴, 이게 대체 무슨 꼴이야?"

그때 마당에서 일을 하던 사람들이 일제히 화량을 쳐다보았어요. 텃밭을 가꾸던 사람과 고추를 말리던 사람, 장작을 패던 사람, 절구질을 하던 사람들이 모두 화량을 쳐다보며 일손을 멈추었어요.

"딸꾹!"

화량은 이제 딸꾹질까지 났어요.

"제가 그러니까, 딸꾹, 어떻게 된 거냐면요, 딸꾹, 저는 도둑은 아닌데요, 딸꾹."

그때 텃밭을 가꾸던 부인이 손에 묻은 흙을 털어 내며 화량에게 달려왔어요.

"아이고, 도련님! 오늘 오신다는 말씀은 들었는데 이렇게 담을 넘어서 오실지는 몰랐어요. 정말 멋지게 자라셨네요."

화량은 얼떨떨했어요. 하지만 그 부인의 얼굴을 자세히 들여다보니 낯이 익었어요. 전에 함께 살며 화량을 돌보아 주던 유모였어요.

"아니, 어떻게 된 거예요?"

어리둥절해 하는 화량에게 유모가 자세히 설명을 해 주었어요.

"어르신께서 돌아가시기 전에 저희 가족을 이리로 보내 주셨어요. 저희 가족이 뿔뿔이 흩어져 사는 것을 안쓰럽게 여기셨거든요. 그리고 도련님께 남긴 집에 먼저 가 있다가 잔병치레가 많은 도련님을 잘 보필하라고 하셨어요."

쓰임새가 많은 마당

마당은 여러 가지 일을 하기 위한 장소로 이용되었어요. 옛날에는 주로 농사를 지었기 때문에 추수철이 되면 마당에서 타작을 하고 곡식을 말리기도 했어요. 또한 더운 여름날 저녁에는 온 가족이 모여 앉아 이야기를 나누는 곳이기도 했지요.

텃밭
마당 한편에 가꾸는 밭으로, 고추나 상추처럼 자주 먹는 채소를 기르기도 했어요.

절구
절구로 곡식을 빻거나 떡을 찧을 때도 마당에서 했어요. 커다랗고 무거운 절구는 아예 마당 한편을 차지하고 있었지요.

평상
나무로 다리를 달아 널따랗게 만든 것으로 마당에 두고 누워서 잠을 자거나 쉴 수 있어요.

멍석
멍석은 마당하고 찰떡궁합이에요. 마당에 깔아두고 곡식을 말리기도 하고, 잔치 때는 손님을 치르기도 해요.

화랑은 그제야 고개를 끄덕였어요.

"아버지가 나에게 남긴 집이 이 집이구나!"

화랑은 집을 둘러보았어요. 그리고 아버지가 남긴 편지를 다시 읽어 보았어요.

화랑아, 우리나라 전통 가옥들은 넓은 마당을 비워 둔단다.
그곳은 사람들의 자리거든.
넓은 마당에서는 가족이 함께 이야기를 나누며 행복한 시간을
보낼 수도 있고, 특별한 날에는 잔치를 열 수도 있지.
또 일도 하고, 운동도 할 수 있단다.
해의 따뜻한 기운이 동물과 곡식을 자라게 하듯이
네 몸도 건강하게 자라게 해 줄 거야.
네가 마당에서 운동도 하고,
텃밭에 자라는 싱싱한 채소도 먹으며
행복한 가정을 꾸리고 언제나 건강하길 바란다.

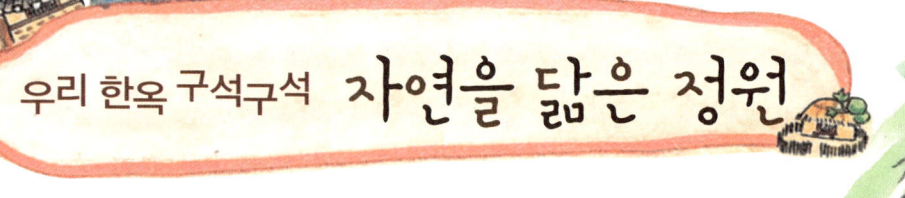

우리 한옥 구석구석 자연을 닮은 정원

정원은 식물이나 돌 등으로 아름답게 꾸며 놓은 뜰을 말해요. 우리나라는 높고 푸르른 산과 맑은 물이 흐르는 강이 많아서 사계절 내내 아름다워요. 그래서 예로부터 정원을 만들 때 자연 그대로의 아름다움을 살리는 것을 중요하게 생각했답니다. 우리나라 3대 정원으로 꼽히는 것은 전남 보길도의 '세연정', 전남 담양의 '소쇄원', 경북 영양의 '서석지'예요.

석상
커다란 자연석을 평평하게 다듬어 마당에 놓고, 그 위에 걸터앉거나 차를 끓이는 데 이용했어요.

후원
집 뒤에 있는 작은 정원이나 동산을 후원이라고 해요. 후원에는 대나무를 심었어요. 산에서 불이 나면 차가운 기운을 가진 대나무가 불길을 막아 주었어요.

연못
물은 정원을 만들 때 빠지지 않는 것 중에 하나인데, 자연적으로 흐르는 물이 없을 때 연못을 만들었어요.

세연정
조선 시대 시인인 윤선도가 어부사시사를 창작하고 읊었던 무대예요. 원래 있던 자연 연못을 중심으로 만들고, 뒤로는 인공 연못이나 인공적인 설치물을 만들고 그 가운데에 세연정이라는 정자를 만들었어요.

소쇄원
물이 흘러내리는 계곡을 사이에 두고 각 건물을 지어 자연과 인공이 조화를 이루는 조선 시대의 대표적인 정원이에요.

서석지
조선 광해군 때 인물인 정영방이 만든 정원이에요. 규모는 작지만 기품 있는 조선 선비의 멋과 풍류가 곳곳에 배어 있어요.

한옥의 구조
사랑채 지나
안채

　대목장의 넷째, 수련은 못 말리는 호기심을 가진 활달한 아이예요. 어찌나 이곳저곳을 휘젓고 다니는지 치맛단이 닳고 닳아서 어머니가 아예 끝단을 짧게 말아 올려 바느질해 주었어요.

　누군가 어디에 나갈라치면 수련이가 쪼르르 쫓아와 '어디 가요?'라고 묻고, 또, 물이라도 한 잔 마실라치면, '뭐예요? 뭐 마시는 거예요?' 하고 어김없이 수련이가 달려와 묻는 통에 사람들은 수련이를 몹시 귀찮아 해요.

　하지만 대목장의 눈에는 수련이도 다른 아이들처럼 똑같이 사랑스러운 아이였어요. 그래서 언젠가 집에 대해서도 조목조목 설명해 주며 수련이의 궁금증을 미리 풀어 주고 싶다고 생각했었어요.

사랑채

집안의 남자 어른이 머물며 손님을 맞이하는 곳이에요. 아이들에게 학문을 가르치는 곳으로도 쓰여요. 사랑채에는 학문을 익히기 위한 도구들만 간소하게 놓아 두었어요.

사랑대청
사랑채에 있는 넓은 마루예요.

큰 사랑
사랑채 중에 어른이 머무는 곳이에요.

작은 사랑
사랑채 중에 아이들이 사용하는 곳이에요.

문방사우
붓, 먹, 종이, 벼루를 뜻해요. 학문을 하는 선비가 늘 다루는 네 가지 물건을 친구에 비유하여 이르는 말이에요.

대목장이 수련이에게 남긴 집은 마을에서 멀지 않은 곳에 있었어요. 수련이도 오빠들처럼 편지를 읽은 후 집을 찾아 쪼르르 달려갔어요.

수련이의 편지에는 오빠들과는 다른 점이 있었는데 집 안을 그려 놓은 지도 옆에 세상에서 가장 흥미로운 보물이 숨겨져 있다고 적혀 있었어요.

'아버지가 숨겨 놓은 보물이 뭘까?'

수련이는 호기심이 풍선처럼 점점 커져서 가슴이 터질 듯이 두근거렸어요. 지도를 보면 행랑채가 있는 대문을 통해 들어가면 사랑채가 있고 그 뒤로 안채가 있었어요. 옆으로는 별채가 있고, 뒤로는 사당이 있었지요.

수련이는 눈빛을 반짝이며 대문을 힘차게 열고 들어갔어요. 그러자 정면에 위엄이 느껴지는 사랑채가 보였어요.

"아마도 보물은 사랑채에 숨겨져 있을 거야."

신발을 벗고 사랑채 안으로 들어가 보니 문방사우와 책상이 가지런히 놓여 있었어요. 아버지가 계시던 사랑채와 비슷한 모양

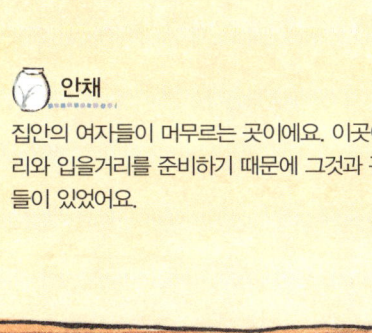
안채
집안의 여자들이 머무르는 곳이에요. 이곳에서 집안의 먹을거리와 입을거리를 준비하기 때문에 그것과 관련된 도구와 가구들이 있었어요.

건넌방
안방과 대청마루를 사이에 둔 건넌방에는 살림에서 물러난 시어머니나 시집 온 지 얼마 안 된 며느리, 혹은 시집갈 나이가 된 딸이 머물렀어요.

대청마루
안채의 대청마루에서는 제사를 지내는 등 집안의 행사를 치렀어요.

안방
살림을 책임지는 안주인이 머무는 방이에요.

이어서 수련이는 문득 아버지가 한없이 그리워졌어요.

하지만 아버지가 마지막으로 남긴 보물이 궁금해서 감상은 잠시 접어 두고 방을 꼼꼼히 살펴보았어요. 그런데 어디에도 보물은 없었어요.

"그럼, 여자들이 지내는 안채에 있나?"

 부엌

음식을 만드는 부엌은 안방 바로 옆에 지었어요. 부엌 바닥은 마당처럼 흙을 다져 만들었어요.

물독
옛날에는 수도가 없어서 우물에서 물을 길어와 물독에 담아 두고 썼어요.

살강
부뚜막이나 조리대 위에 있는 벽에 달아둔 선반이에요. 그릇이나 음식을 올려 두었어요.

찬장
부엌에는 나무로 만든 찬장이 있었는데 이곳에 남은 음식이나 그릇을 보관했어요. 옛날 부엌에는 쥐 같은 작은 동물들이 들어와 음식물을 훔쳐 먹었기 때문에 특히 음식물 보관에 신경을 써야 했어요.

부뚜막
아래에 있는 아궁이에 장작을 넣어 불을 지피고 위에 솥을 걸어 음식을 했어요. 부뚜막은 돌과 흙을 쌓아서 만들었어요.

거름
똥독에 배설물이 가득차면 이것을 꺼내 거름으로 사용했어요. 사람의 배설물은 아주 소중한 거름이 되었답니다.

대소변을 보는 뒷간
요즘의 화장실을 옛날에는 '뒷간', 혹은 근심을 푸는 장소라 하여 '해우소'라고도 했어요. 뒷간은 집의 뒤쪽에 되도록 멀리 떨어뜨려 지었어요. 그래서 한밤중에는 화장실을 가는 게 여간 귀찮은 일이 아니었어요.

똥독
뒷간에는 커다란 통을 땅에 묻어 두고 그 위에 기다란 널빤지 두 개를 걸쳐 두어 그 위에서 일을 보았어요.

요강
밤에는 뒷간에 가는 대신 요강을 방에 두고 사용하기도 했어요.

수련이는 신발을 대충 걸쳐 신고 사랑채와 안채를 구분하는 내외담을 지나 안채 마당으로 달려갔어요.

"그래! 여자들이 머무는 안채에 있을 거야. 안채는 집안에 필요한 것을 뚝딱뚝딱 만들어내는 보물창고라고 했어. 멋진 옷도 만들고, 안채 옆에 있는 부엌에서 맛있는 요리도 만들고!"

하지만 안채에도 보물이라고 생각되는 것은 보이지 않았어요. 그래서 아버지의 편지를 다시 꼼꼼히 살펴보았어요.

아버지의 편지에는 보물이 있다는 내용 아래에 보물이 숨겨진 곳에 대한 단서가 적혀 있었어요.

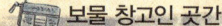
보물 창고인 곳간

곳간은 곡식이나 말린 나물과 같은 먹을거리들과 소중한 농기구 같은 것들을 보관하는 곳이에요. '광'도 곳간과 비슷하게 사용되는 공간이에요. 다만 광은 곳간보다 규모가 작고 잡다한 것들까지 보관한다는 면에서 차이가 있어요.

살창
가는 나무로 살을 만들어 여닫지 못하게 만든 창문을 말해요. 환기와 살균이 중요한 곳간에는 바람과 해가 잘 드는 살창을 달았어요.

자물쇠
쥐와 같은 동물과 도둑의 침입을 막기 위해서 나무로 짠 문을 달고 자물쇠로 단단히 걸어 잠가 두었어요.

섬
곡식을 담아 두기 위해 짚을 엮어 만든 주머니예요. 옛날에는 가을에 곡식을 거두면 당장 먹을 것은 탈곡을 하고, 먹지 않을 것은 섬에 담아 곳간에 쌓아 두었어요.

나는 힘든 일이 있을 때면 이곳에서 많은 시간을 보냈단다.
이곳에 가면 세월이 느껴지지.
어른을 공경하면 우리는 세상을 살아가는 지혜를 배울 수 있단다.

수련이는 글을 읽고는 고개를 갸웃했어요.
"힘든 일이 있을 때 시간을 보내는 곳? 아, 뒷간! 아버지는 뒷간에서 큰일을 볼 때 종종 기막히게 좋은 생각이 떠오르곤 한다고 하셨어!"

보물을 숨긴 장소로는 좀 의외라는 생각이 들었지만 그래도 달려가 보았어요.

"어휴, 냄새야! 어? 그런데 아무것도 없잖아! 도대체 보물은 어디에 있는 거야? 또 이곳에 가면 세월이 느껴진다고 하셨어. 그렇다면 혹시 시간이 지나면 곡식이 차곡차곡 쌓이는 곳간?"

곳간에는 새로 거두어들인 곡식이 가득 쌓여 있었어요. 볏짚과 고구마, 감자, 곶감 등 맛있는 것들로 가득했지요. 수련이는 이곳저곳을 뒤져 보았지만 딱히 보물이라고 할 만한 것은 보이지 않았지요.

"아버지 편지에 뭐라고 되어 있었더라? 어른을 공경하면 세상을 살아가는 지혜를 배울 수 있다고 하셨어. 안채도, 사랑채도, 뒷간이랑 곳간도 아니면, 아, 맞다! 옛날 별채에는 모르는 게 없으신 우리 할머니가 머무셨어. 내가 왜 진작 그 생각을 못 했을까?"

수련이는 작은 문을 통해 별채로 들어갔어요.

별채 뒤로 산자락이 가까이 있어서 공기가 맑고 상쾌했어요. 별채에 오니 재미있는 이야기를 많이 들려 주시던 할머니가 생각났어요.

"그러고 보니 난 언제나 사소한 것을 궁금해 했지. 사람들의 마음을 헤아리지는 못했던 것 같아. 그 조용한 별채에서 할머니는 얼마나 외로우셨을까? 또 아버지는 어떤 마음으로 나에게 이런 집을 남기셨을까?"

그런 생각을 하다 보니 아버지가 사당에서 정성껏 조상에게 예를 올리던 모습이 떠올랐어요.

"아버지가 힘들 때 시간을 보내시던 곳! 오랜 세월이 느껴지고, 조상의 지혜를 얻을 수 있는 곳! 그래, 사당이야!"

집에서 가장 높은 곳에 있는 사당 옆에는 멋진 나무들이 서서 수련이를 반기고 있었어요. 사당 안에는 황금색 천으로 싼 네모난 것이 있었어요.

사당
조상의 신주를 모시는 곳이에요. 효를 중요시했던 조선 시대에는 부모님이 돌아가신 후에도 제사를 올리며 정성을 다해야 한다고 생각했어요. 그래서 안채나 사랑채 뒤쪽에 지형적으로 높은 곳에 사당을 만들었어요.

신주
돌아가신 분의 이름과 돌아가신 날짜를 적은 나무 패예요. 보통 밤나무로 만들었는데 일반적으로 4대에 걸쳐 신주를 모셨어요.

"찾았다!"

아버지가 남긴 보물은 다름 아닌 세상의 수많은 지식이 담긴 박물지였어요. 식물과 동물, 질병과 예절은 물론 세계 여러 나라의 풍습에 대해서도 적혀 있었어요.

"우아, 세상의 모든 지식이 이 속에 들어 있는 것 같아! 정말 대단해!"

아버지는 호기심 많은 딸을 위해 수많은 지식이 담겨 있는 책을 선물했어요. 아마도 수련이는 당분간 책을 읽느라 사람들을 쫓아다니며 질문을 해댈 시간이 없을 거예요.

우리 한옥 구석구석 한옥의 구조

조선 시대 부유한 양반집은 대개 남자들이 머무는 사랑채와 여자들이 머무는 안채로 나누어져 있어요. 그 밖에도 별채, 행랑채, 사당 등이 있어요.

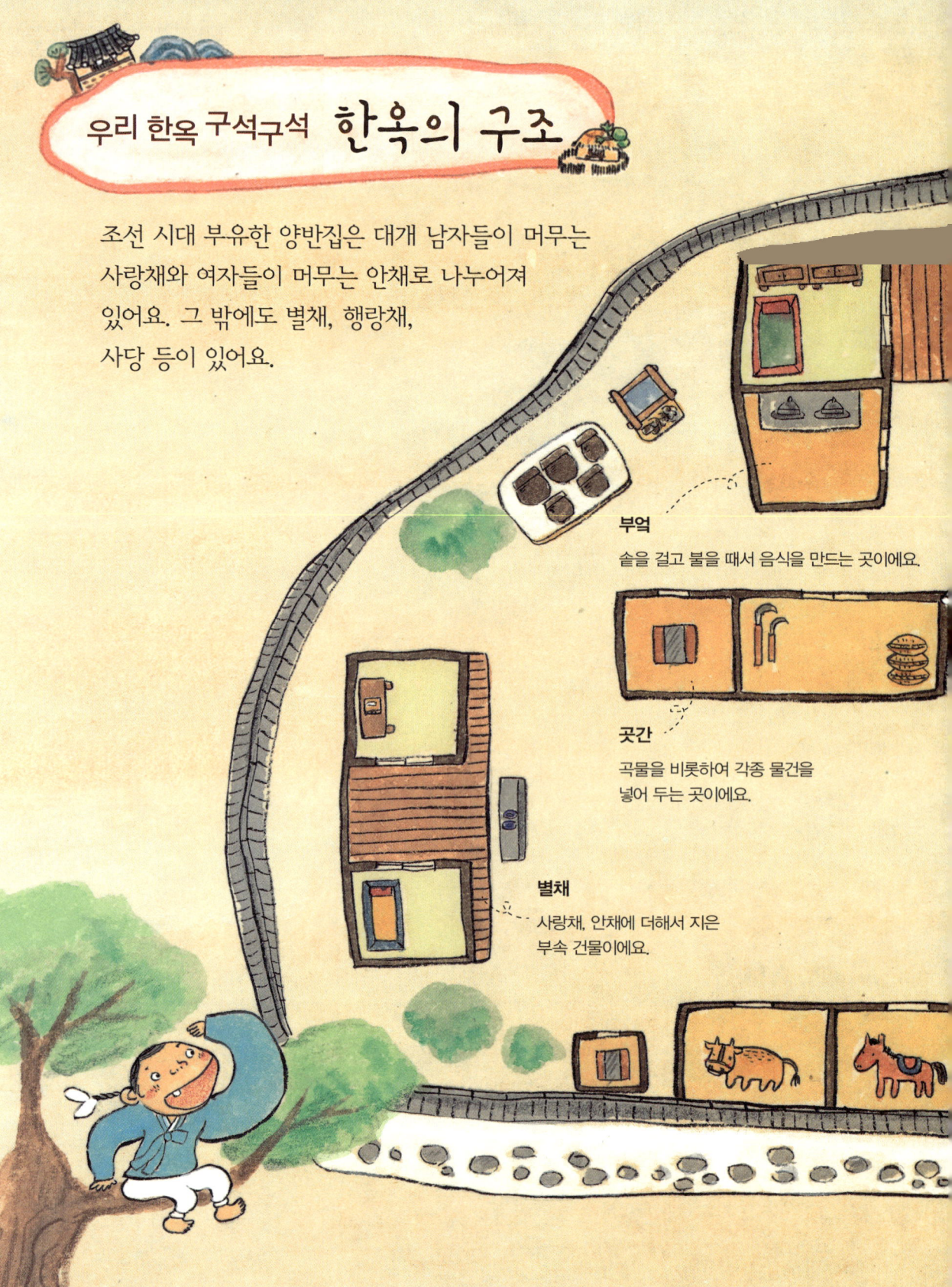

부엌
솥을 걸고 불을 때서 음식을 만드는 곳이에요.

곳간
곡물을 비롯하여 각종 물건을 넣어 두는 곳이에요.

별채
사랑채, 안채에 더해서 지은 부속 건물이에요.

지붕
학의 날개처럼
아름다운 지붕

대목장의 다섯째 아이는 목하예요. 목하는 그림 그리는 것을 워낙 좋아해서 비가 오는 날만 빼고는 종이와 먹, 붓을 싸들고는 동산에 올라가 마을 풍경을 그리곤 했어요.

아버지가 목하에게 남긴 편지에는 집의 위치에 대한 설명도 없이 지붕 그림만 떡하니 있었어요.

"아니, 지붕만 보고 어떻게 찾아가라는 거야. 아휴!"

목하는 막막한 심정으로 편지를 들고 집을 나섰어요.

"그래도 정말 아름다운 지붕을 가진 집이야. 역시 아버지의 솜씨는 최고야!"

목하가 들고 있는 편지에 그려진 지붕에는 아름다운 처마와 용마

한옥의 지붕
지붕의 모양이 아름답기도 하지만, 지붕 덕분에 여름에는 시원하고 겨울에는 따뜻해요.

용마루
지붕에서 가장 높고 중심이 되는 '마루'를 말해요. 지붕이나 산의 꼭대기를 '마루'라고 해요.

내림마루
용마루에서 추녀마루로 이어지는 지붕의 옆면을 흘러내리는 마루예요.

추녀마루
추녀 위를 기와로 덮은 부분을 '추녀마루'라고 해요. 용마루, 내림마루와 함께 지붕 위의 아름다운 선을 만들어요.

처마
지붕이 벽보다 더 넓게 내민 부분이에요. 해나 비를 가려 주기 때문에 처마 아래에 생기는 공간을 유용하게 쓸 수 있어요.

도리
'돌보'라고도 해요. 기둥 위를 연결하는 나무로 서까래를 받치는 역할을 해요.

서까래
용마루와 도리를 가로지르며 연결하는 긴 나무예요. 수많은 서까래가 모여 지붕의 면을 만들어 내요.

지붕의 모양

지붕은 모양에 따라 맞배지붕, 우진각 지붕, 팔작지붕 등이 있어요.

맞배지붕
책을 펼쳐서 엎어 놓은 모양의 지붕이에요. 가장 기본적이고 단순한 모양이에요. 하지만 옆면 벽이 그대로 드러나기 때문에 집이 상하기 쉬워서 옆면을 덮기 위한 설비를 하기도 했어요.

우진각 지붕
지붕면이 사방으로 시원하게 펼쳐져요. 처마가 넓고 모양이 단아해서 살림집으로 알맞아요. 대부분의 초가집이 이와 같은 형태를 하고 있고, 기와집의 안채도 우진각 지붕인 경우가 많아요.

팔작지붕
윗부분은 맞배지붕의 모양을, 아랫부분은 우진각 지붕의 모양을 닮았어요. 옆면에 세모난 합각이 생겨서 '합각지붕'이라고도 해요. 모양이 멋스럽고 위엄이 있어서 중심이 되는 건물에 많이 사용했어요.

루, 그리고 날아갈 듯 사뿐히 들린 추녀가 그려져 있었어요.

"이 고운 선 좀 봐! 마치 학이 날갯짓을 하는 것처럼 곱단 말이야. 정말 이런 집에 있다면 마치 아름다운 그림 속에서 사는 기분일 거야. 그런데 이 집을 어떻게 찾지? 길을 걸어가다 보면 다 그 집이 그 집 같은데?"

목하는 한참을 걷다가 다른 방법을 찾아야겠다고 생각했어요.

"옳지!"

목하는 좋은 방법이 떠올랐어요.

"내가 그림을 그리던 동산으로 올라가 보자. 그곳에서는 마을이 내려다보이니까 지붕의 모양을 보기가 편하잖아."

목하는 옷자락을 나부끼며 동산으로 올라갔어요.

정말로 그곳에서는 마을이 한눈에 보였어요. 어느 집은 지붕에 짚으로 이엉을 만들어 올렸고, 그 뒷집에서는 지붕 위에서 익어 가는 커다란 호박을 따고 있었어요.

목하가 좋아하는 선화가 사는 집의 우진각 지붕도 보였고, 목하의 절친한 친구인 덕배가 사는 집의 맞배지붕도 보였어요. 그리고 그림

잡상
궁궐과 같은 특별한 건축물의 추녀마루에는 여러 가지 모양의 토우를 얹어 놓았어요. 그것이 잡귀를 쫓아낸다고 여겼지요. 흙으로 만든 사람이나 동물상을 '토우'라고 해요.

에 그려진 팔작지붕도 보였지요.

"저기다, 저기!"

목하는 다시 짐을 챙겨들고 그 집으로 향하려고 했어요. 그런데 팔작지붕 집이 한두 개가 아니었어요.

"어휴! 저렇게 많은 팔작지붕 집 중에서 아버지가 남긴 집이 어느 집인지 어떻게 알지?"

목하는 다시 고민에 빠졌어요.

목하는 그림을 좋아하는 사람답게 아주 꼼꼼하게 지붕들을 살펴보았어요.

"저 집은 기와의 마감을 막새기와로 하지 않고 아귀토로 했으니까 아니고, 저 집은 용마루 끝의 장식이 다르고······."

이런 식으로 집들을 하나하나 지우고 나니 그림과 아주 똑같은 모양을 하고 있는 집이 보였어요.

"옳지! 저 집이야, 저 집! 찾았어!"

목하는 신이 나서 내려가 보았어요.

"와! 정말 아름다워. 세상에서 가장 아름답고 웅장한 새가 자리를 틀고 앉아서 날개를 펼치고 있는 것 같아."

대목장은 집을 지을 때 편리함과 평화로운 느낌을 중요하게 생각했어요. 하지만 그림을 좋아하는 감각적인 아들을 위해 특별히 더 아름다운 집을 남겼어요. 그리고 편지에도 그 뜻을 전했어요.

기품이 느껴지는 기와

기와의 기본적인 형태는 암키와와 수키와로, 흙을 반죽한 다음 구워서 만들어요.

망새
용마루의 양쪽 끝에 얹는 장식기와예요. 모양에 따라 취두, 치미, 용두라고 불러요.

암키와
암키와를 먼저 촘촘히 붙여서 깔아요.

수키와
암기와의 이음새에 수키와를 올리는데 이 때 수키와 속에는 흙을 채워서 단단하게 고정해요.

망와
용마루나 내림마루, 추녀마루의 끝을 마감하는 장식 기와예요.

막새기와
기와를 다 올린 다음에 끝부분은 아름다운 문양이 들어 있는 막새기와로 막아요. 암키와를 막는 것을 '암막새', 수키와를 막는 것을 '수막새'라고 해요. 한편 막새기와를 사용하는 것이 고급스럽기는 하지만 편리하게 아귀토를 발라 마감하기도 해요.

목하야, 아름다운 집은 그 자체로 하나의 예술 작품이 되기도 한단다. 한옥의 아름다움은 지붕에서 가장 화려한 빛을 발하지. 지붕은 기와 한 장, 한 장의 곡선이 모여서 무게감 있는 면을 만들고 그 면과 어우러지는 용마루와 추녀의 선들이 살아있는 생명체처럼 우아하고 아름답단다. 아름다운 집에서 아름다운 인품을 키우고 아름다운 그림을 그리길 바란다.

목하는 아버지의 편지에 적힌 글을 다시 한 번 되새기며 집 안을 둘러보았어요.

목하는 집 안을 둘러보며 감탄하고는 대청마루에 그대로 누웠어

 **여러 모양의 천장**
지붕의 아래 부분을 가려 막는 구조물이에요.
만드는 방법에 따라 여러 종류가 있어요.

연등천장
서까래가 그대로 드러난 천장으로 서까래 사이사이에는 흙을 발라 깔끔하게 마감했어요. 보통 대청마루는 천장이 높아서 환기가 잘 되도록 연등천장으로 만들었어요.

우물천장
바둑판처럼 가로세로 반듯한 격자 모양으로 나무를 짜고 그 사이에 판을 끼워 만든 천장이에요. 만드는 방법이 까다로워 궁궐과 같은 특별한 건물에 우물천장을 하고 그 위에 화려한 단청을 입히기도 했어요.

요. 목하는 누워서 천장을 보며 또 다시 감탄을 했어요.

　보통의 기와집에 있는 대청마루 천장은 서까래가 그대로 드러난 연등천장이에요. 그런데 목하의 아버지는 목하를 위해 특별한 천장을 만들어 주었어요. 네모난 모양이 칸칸이 있는 우물천장에 목하가 어렸을 때 그렸던 그림들을 하나하나 붙여 주었어요.

　"아버지가 세상에 딱 하나뿐인 특별한 천장을 만들어 주셨어. 아버지 감사해요! 아버지의 이 큰 은혜를 앞으로 어떻게 갚아야 할까요?"

　목하는 한참동안 가슴이 먹먹한 채로 대청마루에 누워 아버지를 그리워했답니다.

우리 한옥 구석구석 지붕

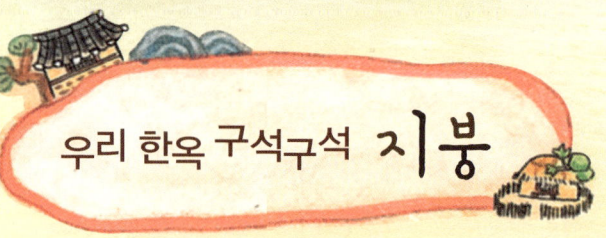

눈이나 비, 햇빛 등을 막기 위하여 집의 꼭대기 부분을 덮는 지붕은 집에서 가장 중요한 부분이라고 할 수 있어요. 지붕은 기와나 초가 외에도 각 지역에 따라 환경에 어울리는 독특한 지붕을 만들기도 했어요.

너와집

농사를 짓지 않아 볏짚을 구하기 힘든 산간 지역에서는 주변에서 쉽게 구할 수 있는 나무를 기와처럼 넓적하게 만들어서 지붕을 얹었어요. 이렇게 만든 집을 '너와집'이라고 해요. 너와집의 지붕은 틈이 많아서 바람이 잘 통해요. 하지만 비가 내리면 나무가 물을 먹어 불어나기 때문에 비가 새지 않아요. 부엌에서 음식을 하면 연기가 지붕의 틈새 사이사이로 빠지기 때문에 불이 난 것처럼 보이기도 해요.

굴피집

나무껍질로 지붕을 얹은 집을 굴피집이라고 해요. 나무껍질은 오랜 시간이 흘러도 쉽게 변하지 않기 때문에 20년 정도는 거뜬히 사용할 수 있어서 편리했어요. 굴피는 가벼워서 바람에 쉽게 날리기 때문에 지붕 위에 긴 나무장대를 올려 굴피를 눌러 놓는데, 이것을 너시래라고 해요.

청석집

기와나 너와 대신 점판암으로 지붕을 얹은 집을 청석집이라고 해요. 점판암은 넓적하게 쪼개지는 성질을 가진 돌이에요. 청석집은 점판암이 있는 강원도, 경기도, 개성의 일부 지역에서만 지어졌어요. 지붕을 올리는 것이 초가집이나 너와집보다는 힘들지만 한번 만들어 놓으면 아주 오랜 세월 동안 사용할 수 있었어요.

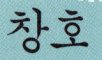

창문으로 들어온
반가운 손님

　　　　어린 나이에도 불구하고 신비 마을에서 가장 힘이 세기로 유명한 금천이는 대목장의 여섯 번째 아이예요.

　덩치도 형들보다 크고 목소리도 우렁차서 장군감이라고들 했어요. 하지만 어찌나 몸에 열이 많고 성격이 급한지 배라도 고프면 빨리 밥을 달라고 난리를 치는 통에 온 집안이 시끌시끌했어요.

　금천의 몸은 튼실해서 다리를 접고 책상 앞에 앉아 있는 것을 세상에서 가장 힘들어 해요. 대목장은 금천이의 진득하지 못하고 불같이 급한 성격이 걱정이었어요.

　금천이는 아버지가 자신에게 남긴 집을 단숨에 찾아갔어요. 그러고는 우렁찬 목소리를 냈어요.

"우아!"

같이 간 친구는 아버지가 남긴 집에 감탄하는 소리인 줄 알았어요. 하지만 그게 아니었어요.

"우아! 진짜 덥다. 빨리 둘러보자."

금천이는 집 안으로 저벅저벅 들어갔어요. 금천의 친구도 조르르 따라 들어갔어요.

"금천아, 창호가 정말 멋지다! 한지를 붙여 만든 창호는 말할 것도 없고, 어쩜 부엌하고 광에 달린 판장문까지 기품이 넘친다, 넘쳐!"

친구는 훌륭하게 지어진 집을 보며 감탄했어요.

금천이는 아버지의 편지에 적힌 글을 다시 읽어 보았어요.

너는 방 안에 앉아서 책 보는 것을 영 지루해하지만 방 안에 있어도 아주 즐거운 일이 일어나기도 한단다. 내가 널 위해 만든 방에서 진득하게 앉아 있으면 창문으로 아주 반가운 다섯 손님이 찾아올 거야……

"손님? 그게 누구지?"

금천이 궁금해하자 옆에서 같이 보던 친구가 자신은 알 것 같다는 표정으로 말했어요.

"아마, 도둑일 거야."

"도둑이 반가운 손님이냐? 아휴!"

여는 방법에 따라 다양한 창호

창호는 창문과 문을 통틀어서 이르는 말인데, 우리 한옥에서는 창문과 문의 형태가 비슷하고 두 가지 기능을 함께 하는 경우도 많아서 창호라고 묶어서 말하곤 해요. 나무로 짠 틀에 한지를 발라서 만든 창호는 유리로 만든 창호보다 아름답기도 하고 건강에도 좋아요. 한지는 유리와 달리 햇빛을 적당히 걸러 주면서 공기는 통하기 때문에 방 안을 쾌적한 상태로 유지시켜 준답니다.

미닫이
문틀의 위, 아래에 홈을 파서 문을 끼우고 옆으로 밀어서 두껍닫이나 벽 속으로 넣어 창호를 여는 방식을 말해요. 두껍닫이는 미닫이를 열 때, 문짝이 옆벽에 들어가 보이지 않도록 만든 것이에요.

여닫이
안팎으로 밀거나 당겨서 여는 창호를 뜻해요. 한옥에서는 문이 안에서 밖으로 열리는 것이 일반적이에요.

들어열개
위쪽으로 들어서 열어 위에 있는 들쇠에 고정하는 문이에요. 보통 대청마루에 달아 시야가 탁 트이도록 시원하게 열어요.

미세기
미닫이처럼 문틀에 있는 홈에 끼워 옆으로 여는 방식이지만, 두껍닫이나 벽으로 들어가는 것이 아니라 옆에 있는 문과 겹쳐지는 형태예요.

안고지기
여닫이와 미세기의 특징이 결합된 문이에요. 미세기문을 여닫이문에 밀어 넣을 수 있어요. 그리고 여닫이문은 미세기문을 단 채로 문틀과 함께 통째로 열 수 있어요.

금천이는 친구에게 핀잔을 주고는 여러 가지 창문과 문을 둘러보았어요. 그러고 보니 창호는 여는 방법도 다양하다는 것을 알게 되었지요.

금천이가 특히 마음에 드는 것은 대청마루에 달린 들어열개문이었어요. 통째로 위로 들어올려 고정해 놓으니까 마루가 탁 트여서 막히는 것 없이 시원하게 보였어요.

구석구석에는 재미있는 창호들도 있었어요. 방을 나누어 쓸 수 있도록 만든 장지문, 불빛이 잘 드는 불발기창, 작게 만들어 열고 닫기가 편한 눈꼽재기창, 그리고 광에 만들어 놓은 봉창도 딱 제자리를 찾아 제 구실을 잘하고 있었어요.

금천이는 마루를 통해 방으로 들어가 보았어요. 방은 여러 겹의 창이 닫혀 있어서 낮인데도 어두웠어요.

두꺼운 종이를 발라 방을 어둡게 하는 흑창을 밀어 두껍닫이 속으로 넣으니 한결 환해졌어요. 그 다음에는 영창을 열었어요. 영창은 살을 듬성듬성 만들어 방을 밝게 하는 창이에요. 그리고 마지막으로 여닫이로 되어 있는 덧창을 열었어요. 그랬더니 밝은 햇살이 방 안 가득 들어왔어요.

그러고 보니 한쪽 벽에는 고운 비단실로 투명하게 짜 놓은 사창이 보였어요.

"아, 한여름이 되면 시원하게 잘 보이도록 사창으로 바꿀 수 있게 해 놓으셨네? 아버지도 정말."

금천이는 다른 방에도 가 보았어요. 각 방은 살창의 모양을 달리하여 지루하지 않은 색다른 아름다움을 주었어요. 화려한 그림으로 방을 장식하지 않아도 살창이 만들어내는 문양으로 충분히 아름다운 느낌을 주었지요.

"안채의 살창은 꽃처럼 아기자기한 아름다움을 주었고, 사랑채의 살창은 바르고 깨끗한 느낌이 나는 살창으로 되어 있네."

쓰임새가 다양한 창호

장지문
방과 방, 또는 방과 마루를 나누는 미세기문으로 공간을 하나로 트기도 하고 나누기도 하는 역할을 해요.

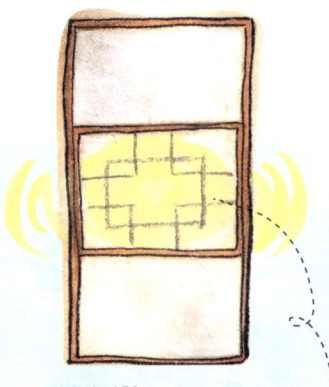

불발기창
한지를 두껍게 바른 문의 중간에 사각, 팔각 등으로 아름다운 문양을 넣고 얇은 창호지를 발라 빛이 잘 통하게 하는 창이에요.

눈꼽재기창
문을 열지 않고도 밖을 볼 수 있도록 작게 만든 창이에요. 문에 만들기도 하고 문 옆에 있는 벽에 만들기도 했어요.

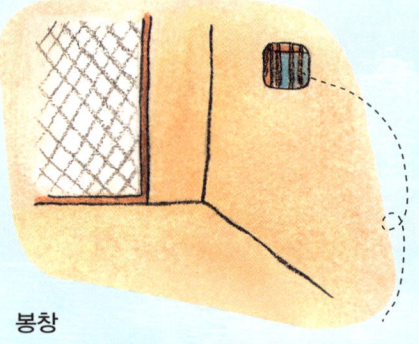

봉창
벽에 막대기를 박아서 만든 창으로 햇빛과 바람이 잘 들지만 열고 닫을 수 없도록 고정되어 있는 창이에요.

금천이와 친구는 방을 열심히 둘러보았어요. 하지만 아무리 기다려도 창문으로 손님이 찾아오지 않았어요.

"어떻게 된 거지? 아버지는 거짓말을 하실 분이 아닌데?"

금천이는 사랑방으로 가 보았어요. 사랑방 문을 활짝 열고 그 앞에 앉아 보았어요.

창문틀의 높이는 어른이 앉아서 팔을 걸치기에 딱 알맞았어요. 좌식 생활에 맞는 높이였지요.

금천이는 아버지가 하시던 것처럼 책상 앞에 앉아 서안(옛날에 사용하던 낮고 작은 책상)에 놓인 서책을 들춰 보았어요. 아버지는 책을 그다지 좋아하지 않는 금천이를 위해 재미있고 감동적인 이야기가 적힌 비교적 쉬운 책을 준비해 두었지요. 금천이는 생각보다 책을 읽는 것이 재미있다는 생각을 하며 시간이 가는 줄 모르고 책을 보았어요.

반쯤 닫힌 창문의 창호를 통해서 은은한 햇빛이 들어와 책을 읽는 금천이를 비추어 주었어요. 친구는 어느새 옆에서 드르렁 쿨쿨 잠을 자고 있었어요. 이번에는 시원한 바람이 창문으로 들어와 단잠을 자는 친구와 금천이를 시원하게 해 주었어요.

"와, 바람 좋다! 밖에서 만나는 바람도 좋지만 방에서 창문을 통해 만나는 바람도 반갑고 좋은데?"

금천이는 잠시 고개를 들어 창밖을 내다보았어요. 창밖으로는 아름다운 경치가 펼쳐지고 있었어요.

각양각색 살창의 모양

가늘고 긴 나무 살을 나무로 만든 틀 속에 짜 넣은 창을 '살창'이라고 해요. 살창은 특별히 개성 있게 만들기도 했지만 대부분 다음과 같은 문양을 사용했어요.

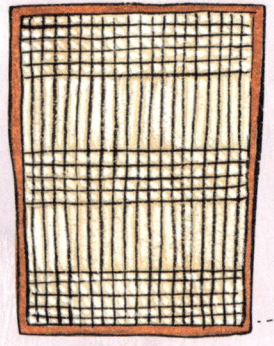

띠살
살을 수직으로 똑같은 폭으로 짜 넣고, 위, 가운데, 아래 세 곳에 5줄 정도씩 가로 살을 댄 것을 '띠살문'이라고 해요. 띠살문은 덧문에 많이 사용되었어요.

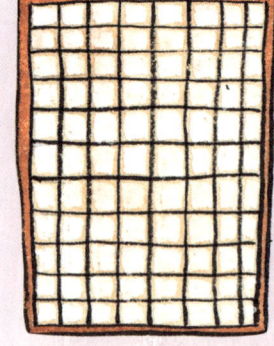

정자살
살을 정(井)자 모양으로 짜 넣은 것을 '정자살문'이라고 해요.

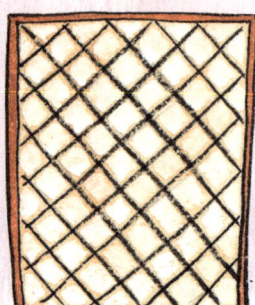

빗살
두 살을 서로 어긋나게 짜 나가 마름모 무늬를 만들어 가는 문살이에요. 사찰이나 궁궐에서 흔히 쓰여요.

만자살
만(卍)자와 비슷한 모양을 하고 있어요. '완자살'이라고도 해요.

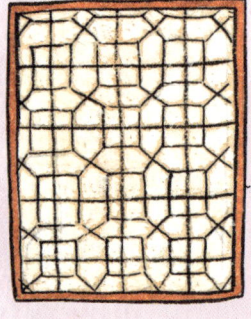

귀갑살
거북의 등 무늬를 닮은 살창이에요.

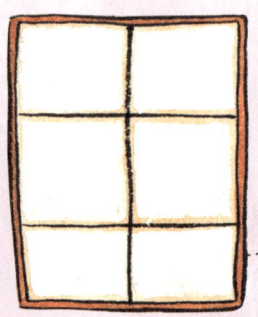

용자살
용(用)자 모양을 닮은 창으로 모양이 간결해서 남자들이 머무는 사랑방에 주로 사용했어요.

아자살
아(亞)자 모양의 살창으로 아기자기한 아름다움이 있어 여자들이 머무는 방에 주로 사용했어요.

숫대살
옛날에는 막대기를 가로와 세로로 놓아 수를 셈했는데 이것을 '산가지'라고 해요. 산가지를 놓은 모양을 닮은 살창이에요.

야트막한 산에는 푸르른 나뭇잎과 노란색, 분홍색 예쁜 꽃들로 장관을 이루고, 가까이 보이는 이웃한 집채의 처마와 용마루는 마치 살아있는 거대한 동물처럼 웅장한 아름다움을 뽐내고 있었어요.

하늘은 맑고 푸르고, 그 맑은 하늘을 살포시 가리고 선 매화나무에서는 동글동글 사랑스러운 꽃잎이 바람에 실려 눈송이처럼 방 안으로 날아왔어요. 그리고 귀여운 참새가 날아와 창틀에 앉아 금천이를 쳐다보았어요.

"네가 아버지가 말하던 반가운 손님이구나?"

금천이는 그제야 아버지가 말한 반가운 손님이 무엇인지 알게 되었어요. 햇빛과 바람, 매화 꽃잎과 아름다운 풍경, 그리고 귀여운 참새까지. 창은 밖에 있는 온갖 아름다운 것들을 방 안으로 데려오는 마법의 상자 같았어요.

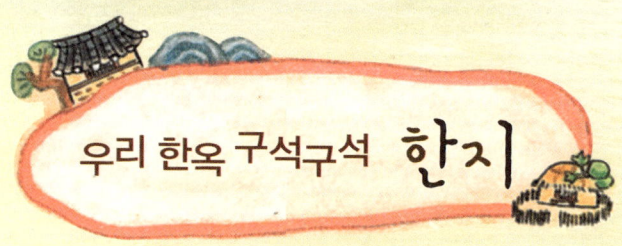

우리 한옥 구석구석 한지

한지는 우리나라 전통적인 방법으로 만든 종이예요. 그래서 '조선종이'라고도 하는데, 재질이 우수해서 오랜 세월 동안 그 아름다움을 간직해요. 한지는 주로 닥나무 껍질로 만들어요. 하지만 솔잎, 귀리짚, 등나무, 소나무, 버드나무, 뽕나무, 해초 등 다양한 재료로 각양각색의 한지를 만들기도 했어요.

1. 원료가 되는 나무를 껍질이 술술 벗겨지도록 삶아요.

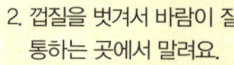

2. 껍질을 벗겨서 바람이 잘 통하는 곳에서 말려요.

3. 마른 껍질을 물에 담가서 불린 다음, 하얀 속껍질만 골라 양잿물을 섞어 다시 삶아요.

4. 건조대에 널어 잘 말려요.

5. 넓은 판이나 편편한 돌 위에 놓고 방망이로 두들기면 닥섬유가 되지요.

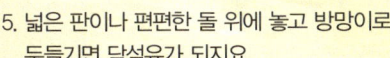

6. 닥섬유에 닥풀을 넣고 막대기로 잘 저어 준 뒤 대나무 발로 떠내요.

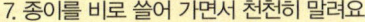

7. 종이를 비로 쓸어 가면서 천천히 말려요.

마루

정다운 벗으로
가득한 마루

대목장의 일곱째 아이, 토야는 동물과 사람들을 좋아하는 정이 많은 여자아이예요. 첫눈이 내리는 날에는 치마폭을 찰랑거리며 강아지보다 더 좋아서 폴짝거려요.

그런 토야가 가장 많은 시간을 보내는 곳은 마루예요. 엄마 친구들이 와서 마루에서 다과를 나눌 때도 제가 더 좋아서 찻잔을 나르고, 언니 친구들이 와서 마루에서 함께 수를 놓을 때도 신이 나서 약과랑 수정과를 내 와요. 아버지는 그런 토야에게 특별한 마루를 선물해 주고 싶었어요.

토야는 아직 어려서 엄마와 함께 아버지가 남긴 집을 찾아갔어요. 그 집은 바로 옆 마을에 있어서 꽃길을 지나 언덕길을 넘어 마치 산

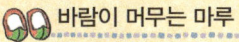 **바람이 머무는 마루**

마루는 하늘을 뜻하는 순수 우리말이에요. 흔히 가장 높은 곳을 뜻하지요. 전통 가옥에서 마루란 집채 안에 바닥에서 공간을 띄우고 널빤지를 깔아서 만든 곳을 말해요. 마루는 바람이 잘 통하고 그늘이 지기 때문에 더운 여름에도 시원해요.

분합문
대청마루 앞에 있는 문을 '분합문'이라고 해요. 들어열개 형식으로 만들어서 시원하게 위로 걸어 둘 수 있어요.

대청마루
방과 방 사이에 있는 큰 마루예요. 제사도 지내고, 손님들이 자주 드나드는 곳이기 때문에 집안의 얼굴이라고 할 수 있을 만큼 중요한 곳이에요.

섬돌
집 안으로 오르내릴 수 있게 놓은 돌을 말해요. 흔히 섬돌에 신을 벗어 두고 대청마루를 통해 방으로 들어가요. '댓돌'이라고도 해요.

책을 하는 것처럼 즐거운 마음으로 찾아갔어요. 토야만큼이나 귀여운 강아지 초롱이도 데리고 갔지요.

토야는 집을 찾아 가는 도중에 혼자서 심심해하는 아이들을 만났어요.

"부모님 모두 일을 하러 가셔서 너무 심심해."

"그래? 난 지금 아버지가 남겨 주신 집을 찾으러 가는 길이야. 우리 같이 갈래?"

"와, 정말? 아버지가 선물로 남긴 집을 찾으러 가다니, 아주 근사한데!"

토야는 분홍색 치마를 입은 여자아이와 손을 잡고 엄마와 초롱이와 함께 집을 찾으러 갔어요. 그런데 그 마을에는 심심한 아이들이 참 많았어요. 그래서 집 앞에 도착했을 때는 토야와 열두 명의 아이들이 있었지요.

"우아, 우리가 찾았다!"

아이들은 보물이라도 찾은 양 신 나했어요. 아이들은 우르르 집안으로 들어가 이곳저곳을 둘러보며 놀았어요.

토야는 정면으로 보이는 대청마루가 가장 마음에 들었어요. 대청마루는 분합문으로 닫혀 있었어요.

토야는 대청마루로 달려가 분합문을 열고 들어갔어요. 그리고 뒤쪽에 있는 창문도 시원하게 열었어요. 산자락에서 내려온 바람이 뒷

여러 종류의 마루

누마루
다락처럼 높게 만들었다고 해서 다락 '누(樓)'자를 써서 '누마루'라고 해요. 누마루는 보통 사랑채의 한쪽에 만드는데 바닥에 기둥을 세워 높게 지었어요. 그곳에서 서책을 보거나 손님을 맞이하는 등 정자처럼 사용했어요.

쪽마루
쪽마루는 툇마루와 비슷하지만 처마를 받치는 기둥이 없어 마루에 다리를 세워 툇마루보다 작게 만든 것이에요.

툇마루
방과 방, 또는 방에서 대청마루를 연결하는 길쭉한 마루예요. 처마를 받치는 기둥을 중심으로 만들어서 좁지만 안정감이 있어요. 이 방 저 방으로 오고 가기에 편리하고 신발을 신고 걸터앉을 수도 있어서 집채 둘레에 많이 만들어요.

마당을 통해 앞마당으로 시원하게 불었어요.

"아, 시원하다. 역시 더울 때는 대청마루가 최고야!"

토야가 대청마루에 드러눕자, 아이들도 우르르 대청마루로 달려왔어요.

토야는 마당을 보며 생각에 잠긴 엄마에게 물었어요.

"이거 우리 아빠가 만들어 주신 거죠?"

"그럼."

"아빠가 나 심심하지 말라고 이렇게 친구들도 많이 만들어 주셨나 봐요."

토야의 말에 엄마는 활짝 웃으며 고개를 끄덕였어요. 엄마는 토야가 친구들과 함께 밝게 지내서 다행이라고 생각했어요.

그때 토야의 친구 중에 한 명이 시원한 대청마루에서 잡기놀이를 하자고 했어요.

"안 돼! 우리 아빠가 얼마나 정성을 들여 지으신 건데 여기서 쿵쿵 뛰어놀면 마루청이 삐거덕거리고 망가질 거야. 그리고 마루에서 뛰면 엄마한테 혼난단 말이야."

토야가 제법 단호하게 말했어요. 그러자 엄마가 말했어요.

"토야야, 괜찮아! 아버지가 전에 말씀하셨어. 토야에게 집을 지어 준다면 마루를 아주 튼튼하게 지어줄 거라고. 그래야 마루에서 쿵쿵 뛰어다니는 걸 좋아하는 토야가 마음껏 놀 수 있을 거라고. 정말 그렇게 만들어 주셨을지 네가 먼저 뛰어 보렴."

엄마의 말에 토야는 제자리에서 콩콩 뛰어 보았어요. 정말 삐거덕 소리도 나지 않고 단단한 느낌이 전해졌어요. 아마도 아주 좋은 나무로 두껍게 만드셨나 봐요.

"야호, 신난다!"

토야는 아이들과 잡기 놀이를 했어요. 단, 마루에서만요. 마당이나 방으로 도망가면 반칙이에요. 대청마루와 툇마루, 쪽마루, 누마루와 같은 마루로만 술래를 피해서 도망갈 수 있다고 했어요.

아이들이 술래를 정해서 이리저리 우루루 몰려다녔어요. 해가 뉘엿뉘엿 산 속으로 넘어갈 때까지 아이들은 신 나게 놀았답니다.

뒤주
쌀이나 콩 같은 곡식을 담아 두는 세간이에요. 대청마루는 시원하고 바람이 잘 통하기 때문에 뒤주를 놓아 두었어요.

우리 한옥 구석구석 든든한 기둥

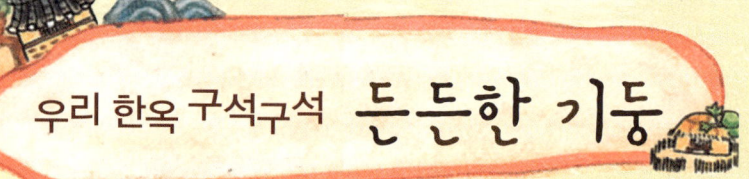

지붕을 떠받치고 있는 기둥의 모양에 따라 집채가
주는 느낌이 달라져요.
지붕의 용마루와 추녀가 아름다운 선을 만들어 내듯이
기둥 또한 한옥의 아름다운 선을 잘 살리고 있어요.

배흘림기둥
기둥의 안정적인 느낌과 아름다운 곡선을 살리기 위해 기둥의 아래에서
1/3 지점을 볼록하게 하고, 위아래로 갈수록 가늘게 만든 것이에요.
부석사 무량수전의 배흘림기둥이 유명해요.

민흘림기둥

기둥이 위에서 아래로 갈수록 조금씩 굵어지는 형태의 기둥으로, 주로 네모 기둥에서 많이 쓰이던 모양이에요. 아래쪽이 더 굵어야 시각적으로 안정적인 느낌이 들어요. 해인사 응진전, 화엄사 각황전에서 볼 수 있어요.

도랑주

나무의 껍질만 벗기고 원래의 형태를 살려서 다듬어 만든 기둥으로 사찰이나 일반 살림집에서 많이 사용했어요.

온돌
마음까지 녹이는
따뜻한 온돌

비가 내리고 난 후라서 날씨가 좀 쌀쌀했어요. 대목장의 막내딸 가연이는 무엇을 넣었는지 빵빵한 봇짐을 메고 어머니를 찾았어요.

"어머니, 빨리 가요, 빨리요!"

어머니는 차비를 마치고 가연이와 함께 나섰어요. 냇가 건너에 대목장이 만들어 놓았다는 가연이를 위한 집을 찾아서 말이에요.

"가연아, 조심하렴. 아직 날씨가 쌀쌀해서 물에 빠지면 큰일이야."

어머니는 가연이의 손을 잡고 냇물에 놓인 징검다리를 건넜어요. 그런데 징검다리를 거의 다 건넜을 때에 날파리가 어머니의 콧구멍으로 쏙 들어가는 바람에 어머니는 아주 크게 재채기를 했어요. 그 바

람에 중심을 잃고 바동바동거리다가 냇물에 퐁당 빠지고 말았어요. 냇물이 깊지 않아서 위험하지는 않았지만 어머니는 옷이 흠뻑 젖어 버렸어요.

"어머니, 괜찮아요?"

가연이는 어머니의 손을 잡아 주었어요. 작은 손이지만 따뜻하고 다정했지요.

"응. 좀 부끄럽기는 하지만 괜찮아. 내 꼴 좀 보렴. 푸하하!"

어머니는 오랜만에 웃음을 터트렸어요. 아주 큰 소리로 속이 다 시원하게 웃더니 아버지가 돌아가시기 전처럼 활기차게 옷을 툭툭 털었어요.

"자, 집을 찾아서 가 보자! 거의 다 온 것 같아!"

어머니는 가연이 손을 잡고 집을 찾아 서둘러 갔어요. 집은 냇가가 내려다보이는 가까운 곳에 있었어요.

"어머니, 저게 아버지가 저를 위해 남겨 주신 집이에요?"

"그래. 잣나무, 떡갈나무 들이 아주 포근하게 집을 감싸고 있어서 아늑해 보이는구나!"

"땔감 걱정은 없겠어요. 주위에 나무가 저렇게 많으니까요. 아, 집도 마음에 들어요. 자연과 잘 어우러지도록 아담하고 소박한 모습이 꼭 저 같죠? 히히!"

"그래, 우리 가연이처럼 사랑스럽구나!"

어머니는 가연이를 사랑스러운 눈으로 내려다보았어요. 가연이는 어머니의 어깨가 와들와들 떨리고 있다는 것을 그제야 알아차렸어요.

"아, 이러고 있을 때가 아니에요. 어서 들어가서 아궁이에 불을 지펴야겠어요. 어머니가 불씨만 만들어 주세요. 내가 불을 지필게요."

어머니는 부싯돌을 부딪쳐서 불씨를 만들어 주었어요.

"이제 어머니는 어서 방에 들어가 계세요."

가연이는 어머니의 등을 떠밀었어요. 그러고는 아궁이에 나무을 넣어 가며 불을 지폈어요. 불길은 활활 타올랐어요.

가연이는 봇짐에 넣어 두었던 고구마를 꺼내 아궁이에 넣고 구웠어요.

"아, 맛있겠다!"

뜨거운 불길 속에서 고구마가 달콤하고 구수한 냄새를 내며 맛있게 익어 갔어요. 고구마가 다 구워지자 가연이는 그걸 가지고 방 안으로 들어갔어요.

"어머니, 고구마 드세요!"

그런데 어머니는 따뜻한 온돌방 안에서 스르륵 잠이 들어 있었어요. 그러고 보니 아버지가 돌아가시고 어머니 얼굴이 많이 여위어 있었어요. 그동안 잠도 잘 못 주무신 모양이에요.

가연이는 고구마를 내려놓고 어머니 옆에 누워 어머니를 다독다독해 주었어요. 그런데 어머니가 누워 계신 아랫목은 아궁이와 가까워서 너무 뜨거웠어요.

가연이는 엉덩이를 바짝 들고 윗목으로 자리를 옮겼어요. 윗목은 불을 지피는 아궁이와 멀어서 덜 뜨거웠지요. 뜨끈뜨끈한 아랫목에서 곤히 자고 있는 어머니를 바라보며 가연이도 스르륵 잠이 들려고 하는 순간 어머니가 일어났어요.

"아, 잘 잤다. 아주 달게 잤어."

"어머니는 아랫목이 안 뜨거워요?"

"응! 너희들 낳고 났더니 따뜻한 게 좋아!"

온돌방
방바닥에 돌을 깔고 아궁이에서 불을 지펴 돌을 데우는 방식으로 난방을 하는 방이에요.

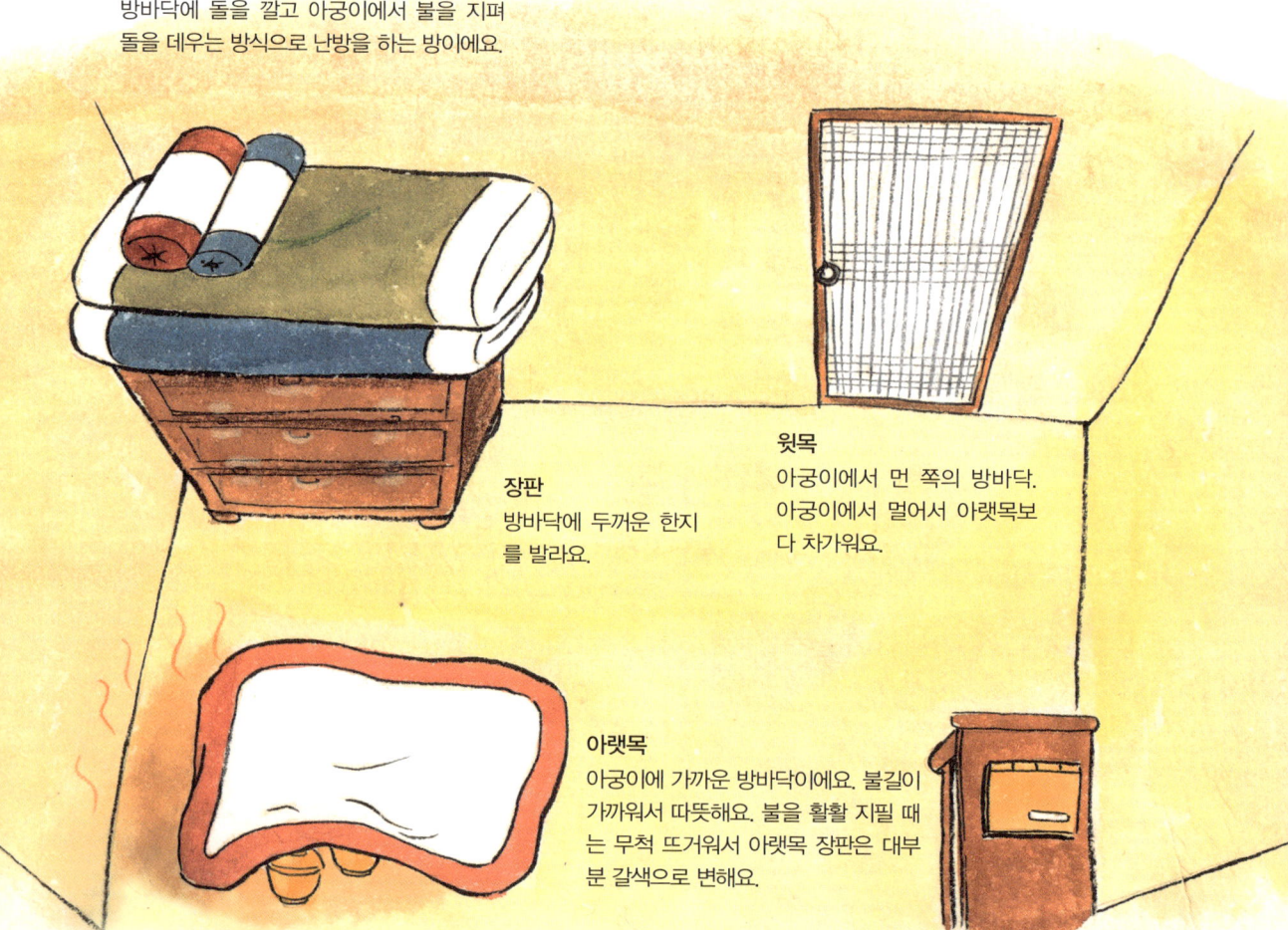

장판
방바닥에 두꺼운 한지를 발라요.

윗목
아궁이에서 먼 쪽의 방바닥. 아궁이에서 멀어서 아랫목보다 차가워요.

아랫목
아궁이에 가까운 방바닥이에요. 불길이 가까워서 따뜻해요. 불을 활활 지필 때는 무척 뜨거워서 아랫목 장판은 대부분 갈색으로 변해요.

"윽, 아랫목은 따뜻한 게 아니라 뜨거운 거잖아요!"

"하하하! 그런가?"

가연이도 어머니를 따라 하하하 웃었어요. 그리고 자기가 구워 온 고구마를 내밀었어요. 뜨거운 아랫목에 두어서 여전히 따뜻했지요.

"어머니, 고구마 드세요."

어머니는 미소를 지으며 고구마를 먹었어요.

"고구마가 참 맛있구나!"

따뜻한 온돌방 덕분인지 어머니는 다시 아름다운 봄꽃보다 더 환하게 웃었어요.

우리 한옥 구석구석 굴뚝

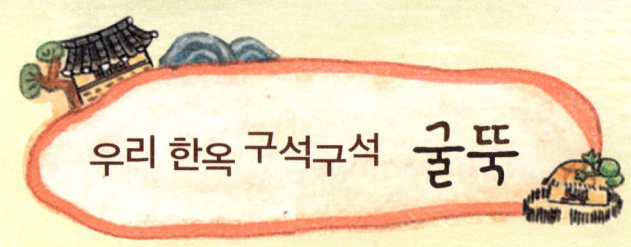

옛날에는 아궁이에 불을 지펴 음식을 했어요.
그래서 밥을 지을 때가 되면 온 동네 굴뚝에서 연기가
모락모락 피어났어요.
굴뚝은 아궁이의 불길이 방고래 쪽으로 빨려 들어오게 하는 역할을
해요. 그래서 추운 북쪽 지역으로 갈수록 굴뚝의 높이가 높았어요.

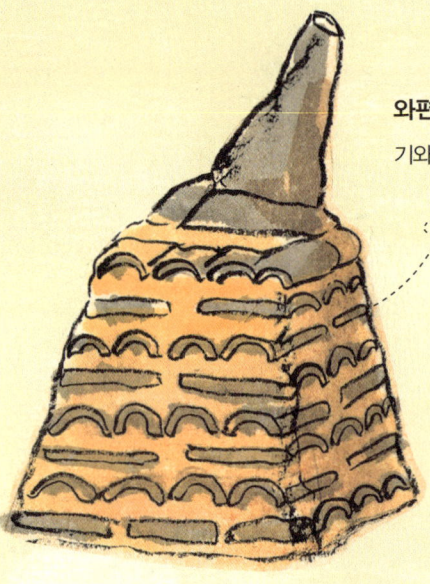

와편굴뚝
기와와 흙을 쌓아서 만든 굴뚝이에요.

통나무굴뚝
통나무의 속을 비워서 만든 굴뚝으로
산간 지역에서 많이 사용했어요.

항아리굴뚝
바닥면이 없는 질항아리를 쌓아서 만든 굴뚝이에요.

널굴뚝
길쭉한 널빤지로 만든 굴뚝이에요.

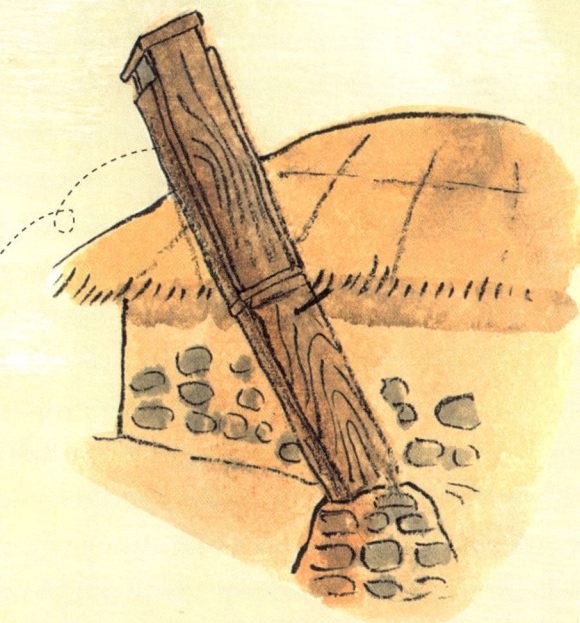

벽돌굴뚝
벽돌을 쌓아 만든 굴뚝이에요. 경복궁 자경전에 있는 십장생굴뚝도 벽돌로 쌓은 굴뚝인데 우리나라 보물 제810호로 무척 아름다워요.

연가
굴뚝 꼭대기를 한옥의 기와 지붕처럼 만든 거예요. 연가는 비와 눈이 굴뚝 안으로 들어가는 것을 막아 줘요.

한옥 짓기
새롭게 태어난 한옥

여덟 남매와 어머니가 모여 상의를 했어요. 대목장의 아이들은 혼례를 올릴 만큼 자라지 않아서 여덟 채나 되는 집이 아직 필요 없었어요. 빈 집으로 두는 것도 아까워서 어찌해야 할지 생각해 보았어요.

그중에 일지가 먼저 말을 꺼냈어요.

"어머니, 집이 없는 가난한 사람들에게 빌려 주는 것이 어떨까요? 아니면 배우고 싶어도 배울 곳이 없는 사람들에게 서당으로 쓰도록 해도 좋을 듯하고요."

"그래, 그게 좋겠구나!"

어머니도 동생들도 모두 좋은 생각이라며 그렇게 하기로 마음먹었어요. 여덟 채의 집을 가난한 사람들에게 나누어 주거나 무료로 배울 수 있는 서당으로 쓸 수 있게 했어요.

그러던 어느 날, 폭우가 내리더니 여덟 남매와 어머니가 살던 집이 홍수에 무너져 버렸어요. 여덟 남매와 어머니는 어찌해야 할 바를 모르고 슬퍼하고 있었어요.

"어머니, 이제 어쩌면 좋아요?"

가연이가 눈물을 참지 못하고 어머니에게 물었어요.

"그래도 너희들이 무사하니 얼마나 다행이니? 무슨 방법이 있을 거야!"

어머니는 놀란 아이들을 다독이며 달래 주었어요. 일지는 아버지가 남겨 주신 집들 중에 하나를 비워 들어가도 된다는 것을 알았지만 대대손손 터를 잡고 살아오던 집을 떠나는 것이 내키지 않았어요. 그런데 그때 어디선가 사람들이 나무와 흙, 기와를 들고 찾아왔어요.

"저희들은 대목장님 가족들에게 큰 은혜를 입었어요. 저희가 집을 다시 지을 수 있도록 도와드릴게요."

그동안 아버지에게 도움을 받았던 사람들과 여덟 채의 집을 빌려서 살고 있는 사람들이었어요. 일지는 아버지에게 배운 대로 사람들의 도움을 받아가며 집을 다시 짓기로 결심했어요.

"좋아요. 이곳에 다시 집을 짓겠어요! 힘든 일이 닥쳤다고 주저앉아 슬퍼하고만 있을 수는 없어요."

한옥 짓기 1

1. 터 닦기
집터를 정하고 땅을 파낸 후에 잡석이나 흙을 차곡차곡 덮어 가며 달구질을 해요. 땅을 단단히 다지는데 쓰는 무거운 돌이나 나무를 '달구'라고 해요.

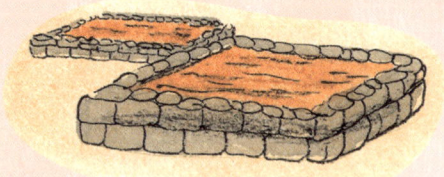

2. 기단 쌓기
반듯한 돌로 마당보다 한 층 높게 기단을 쌓아요.

3. 주춧돌 놓기
기둥을 세울 자리에 주춧돌을 놓아요. 주춧돌을 '초석'이라고도 해요.

4. 바심질
재료로 쓰일 나무를 용도에 맞게 깎거나 잘라내서 다듬는 것을 '바심질'이라고 해요.

5. 기둥 세우기
다림추를 이용해서 기둥이 똑바로 서도록 세워요. '다림'이란 순수 우리말로 수평인지, 수직인지를 살펴보는 일을 말해요. 이 때 실에 추를 매달아 기둥과 비교해 보며 다림을 보았어요.

6. 뼈대 세우기
건물의 뼈대가 되는 목재들을 세워요. 한옥을 지을 때는 못을 사용하지 않아요. 나무와 나무가 만나는 곳에 홈을 만들어 정교하게 맞물리도록 했어요.

일지의 굳건한 표정에서 아버지의 얼굴이 보였어요. 어머니는 듬직하게 아버지를 꼭 빼닮아 가는 일지가 대견했어요.

일지는 두 팔을 걷어붙이고 무너진 기둥 중에서 쓸 만한 것들을 골라내고 부러져서 쓸 수 없는 것들은 거두어냈어요. 그리고 사람들과 함께 무거운 달구로 집터부터 꼼꼼하게 다져서 단단하게 만들었어요.

일지의 지휘 아래 일이 척척 진행되었어요. 어느새 주춧돌을 놓고 기둥과 뼈대를 만들었어요.

"이제 마룻대만 올리면 뼈대는 완성되겠네!"

동생들이 무척 좋아했어요. 어머니는 상량 고사를 지내기 위해 음식을 준비해 상을 차렸어요. 집을 짓는 동안 모든 사람들이 다치지 않고 건강하길 바라고 좋은 집을 무사히 완성할 수 있도록 모두 함께 고사를 지냈어요.

"모두 정말 고생이 많으시네요!"

어머니는 음식을 내며 사람들에게 감사의 마음을 전했어요. 무더운 날씨에도 불구하고 열심히 일하던 사람들은 오랜만에 흥겨운 시간을 보냈어요.

"자, 이제 다시 열심히 일해 봅시다!"

상량 고사를 마치자 수염이 덥수룩한 홍씨 아저씨가 말했어요. 모두들 신발을 고쳐 신고 옷매무새를 단정히 하고는 다시 집을 지었어요.

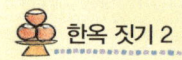
한옥 짓기 2

7. 상량 고사 지내기
뼈대가 거의 완성되고 마지막으로 마룻대를 거는 날에는 상량 고사를 지내요. 상량은 마룻대를 올리는 것을 뜻해요. 상량 고사는 한옥을 짓는 동안 가장 큰 의식이에요. 마룻대는 용마루 아래에서 수많은 서까래를 걸치는 목재로 중요한 역할을 하기 때문에 가장 좋은 나무를 사용해요.

8. 서까래 걸고 지붕 얹기
상량 고사가 끝나면 이제 본격적인 내부 공사가 시작돼요. 서까래를 걸고 널빤지를 얹어요. 널빤지 위아래에 흙을 발라요. 서민들의 집에는 널빤지 대신 싸리나무나 수수깡, 갈대 같은 것을 엮어 지붕에 얹어요.

9. 기와 올리기
넓적한 암키와를 먼저 깔고 그 사이사이에 수키와를 올려요.

10. 벽 채우기
기둥과 기둥 사이에 나무를 대서 벽을 지탱할 수 있게 해요. 싸리나무나 가는 나무를 대고 흙을 발라요. 처음 바른 흙이 어느 정도 마르면 다시 평평하게 덧발라 정리해요. 벽을 채울 때는 창호를 달 곳에 틀을 짜 넣어요. 양반집에서는 벽 위에 석회를 발라 하얀색이 나도록 하기도 했어요.

수많은 사람들이 함께해서 그런지 집은 하루가 다르게 멋진 모습을 드러내고 있었어요. 고래둑을 쌓고 그 위에 구들을 올리는 일은 정말 신기했어요. 대목장의 아이들은 함께 돌도 나르며 그 과정을 지켜보았어요.

"드디어 완성됐다!"

누군가 큰 소리로 외쳤어요. 정말 흠잡을 데 없는 완벽한 집이었어요. 사람들은 모두 한 가족처럼 얼싸안고 기뻐했어요. 당연히 여덟 남매와 어머니가 가장 많이 기뻐했지요.

일지는 완성된 집을 바라보며 생각했어요.

'참 알 수 없는 일이야. 슬픈 일을 이겨내면 이렇게 가슴이 벅차도록 기쁜 일이 찾아오니까. 나에게 언젠가 또 다시 슬픈 일이 찾아오겠지. 누구에게나 그런 것처럼. 하지만 나는 우뚝 일어나 이겨 낼 자신이 있어. 영원히 나를 사랑해 주시는 아버지가 내 가슴 속에 계시니까."

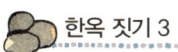 한옥 짓기 3

11. 온돌 만들기
고래둑을 쌓아 그 위에 구들을 얹고 흙을 발라요. 맨 위에 장판을 깔아요. 아궁이와 굴뚝도 방고래와 공기 순환이 잘 되도록 만들어요. 불길과 연기가 지나는 방고래에 구들을 올릴 수 있도록 쌓은 두둑을 '고래둑'이라고 해요.

12. 마루 깔기
두툼한 널판으로 모양을 잘 맞춰가며 마루를 깔아요.

13. 반자 대기
방 천장에 반자를 달아요.

14. 창호 달기
문틀에 창호를 달아요.

15. 담 쌓고 대문 달기
집과 어울리는 담을 쌓고 대문을 달면 멋진 한옥 완성!

우리 한옥 구석구석 화려한 단청

우리나라 전통 가옥 중에서도 궁궐이나 관아같이 특별한 건물에는 아름다운 색으로 무늬를 그려 넣어 건물의 화려함과 장엄함을 더했어요. 단청은 원료가 광물질이기 때문에 벌레나 비로 건물이 손상되는 것을 막아 주는 역할도 했고, 나쁜 기운을 물리치려는 의도도 담겨 있었어요.

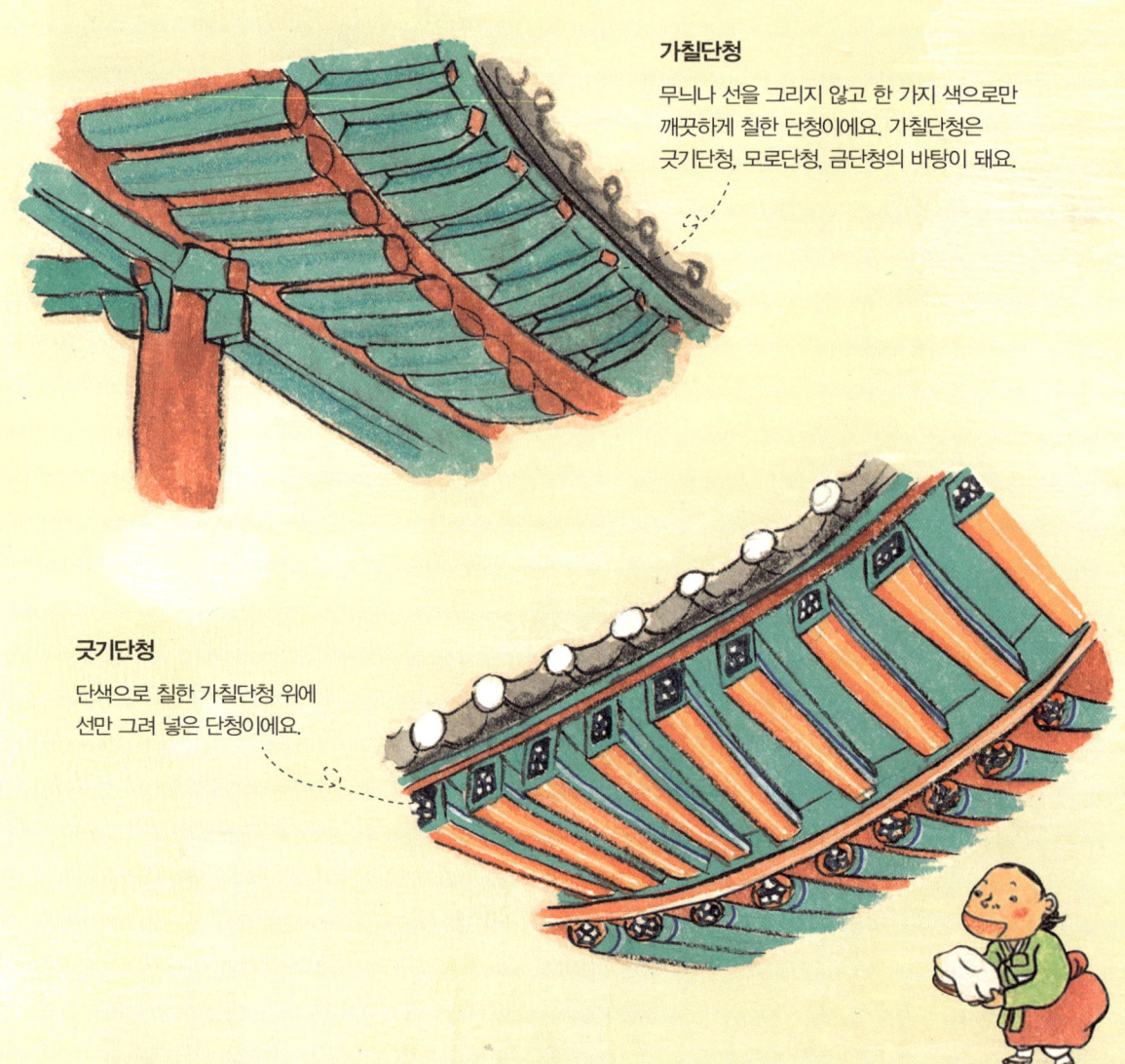

가칠단청
무늬나 선을 그리지 않고 한 가지 색으로만 깨끗하게 칠한 단청이에요. 가칠단청은 긋기단청, 모로단청, 금단청의 바탕이 돼요.

긋기단청
단색으로 칠한 가칠단청 위에 선만 그려 넣은 단청이에요.

모로단청
가운데는 깔끔한 선을 긋고, 양옆을 화려하게 장식한 단청이에요. '모루단청'이라고도 해요.

금단청
전체적으로 화려한 무늬와 그림으로 가득한 단청이에요.

한눈에 펼쳐 보는 전통문화

우리 집

한옥의 구조

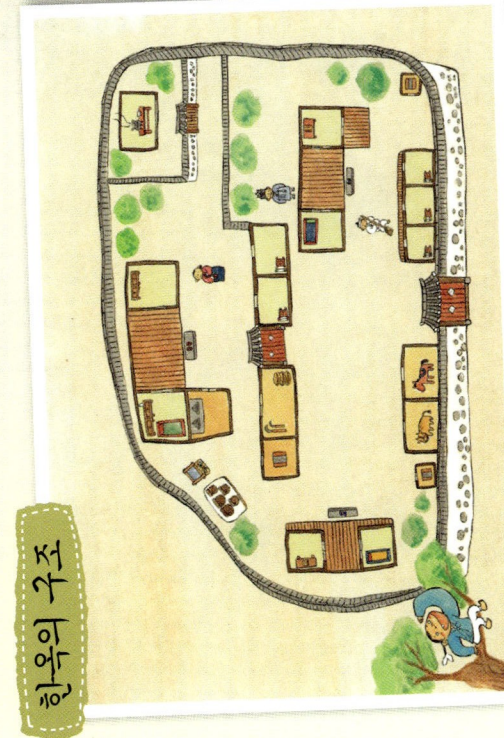

조선 시대 부유한 양반집은 대개 남자들이 머무는 사랑채와 여자들이 머무는 안채로 나누어져 있어요. 그 밖에도 별채, 행랑채, 사당 등이 있었어요.

마당

세연정
서석지

정원은 식물이나 돌 등으로 아름답게 꾸며 놓은 뜰을 말해요. 우리나라는 높고 푸른 산과 맑은 물이 흐르는 강이 많아서 사계절 내내 아름다워요. 그래서 예로부터 정원을 만들 때 자연 그대로의 아름다움을 살리는 것을 중요하게 생각했답니다. 우리나라 3대 정원으로 꼽히는 것은 전남 보길도의 '세연정', 전남 담양의 '소쇄원', 경북 영양의 '서석지'예요.

섬

죽담
거적문
우데기

아름다운 섬 울릉도는 화산 폭발로 만들어진 섬이에요. 문화구인 나리분지 외에는 평지를 찾아볼 수 없고, 해변은 온통 거대한 절벽을 이루고 있어요. 울릉도 사람들은 옛날부터 이런 자연 환경을 생각해서 특별한 집을 만들었어요.

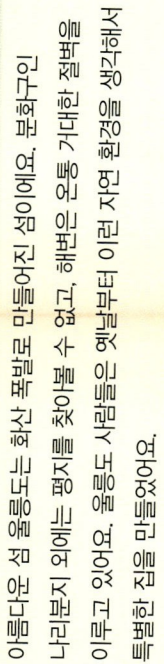

한옥의 구조

우리나라 땅은 위, 아래로 길쭉한 모양이에요. 북쪽으로 갈수록 더 춥고, 남쪽으로 갈수록 더 따뜻하지요. 그래서 집의 모양도 환경에 맞게 조금씩 다르답니다.

대문

옛날에는 문이 없고 담이 낮아도 도둑이 잘 들지 않았어요. 특히 제주도에는 도둑이 더 없었어요. 그래서 지금 우리들처럼 대문을 철통같이 잠그지 않아도 괜찮았답니다. 제주도의 대문은 '정낭'이라고 했어요.

한눈에 펼쳐 보는 전통문화 우리 한옥

굴뚝

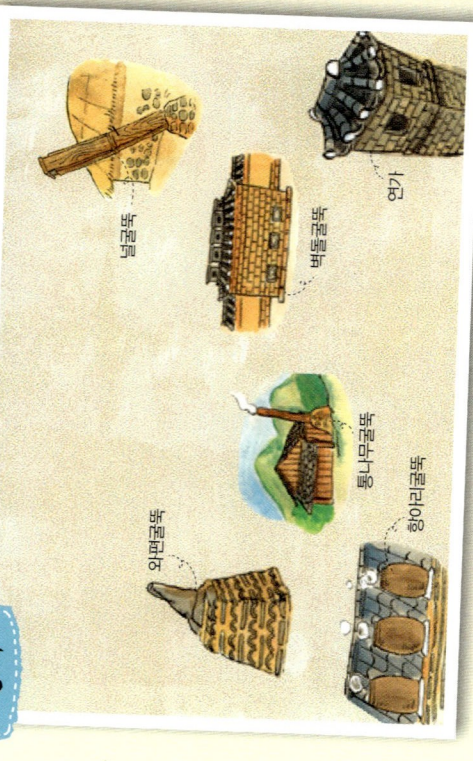

옛날에는 아궁이에 불을 지펴 음식을 했어요. 그래서 밥을 지을 때가 되면 온 동네 굴뚝에서 연기가 모락모락 피어났어요. 굴뚝은 아궁이의 불길이 방고래 쪽으로 빨려 들어오게 하는 역할을 해요. 그래서 추운 북쪽 지역으로 갈수록 굴뚝의 높이가 높아요.

화려한 단청

우리나라 전통 가옥 중에서도 궁궐이나 관아같이 특별한 건물에는 이름다운 색으로 무늬를 그려 넣어 건물의 화려함과 장엄함을 더했어요. 단청은 원료가 광물질이기 때문에 벌레나 바로 건물에 손상되는 것을 막아 주는 역할도 했고, 나쁜 기운을 물리치라는 의도도 담겨 있었어요.

기둥

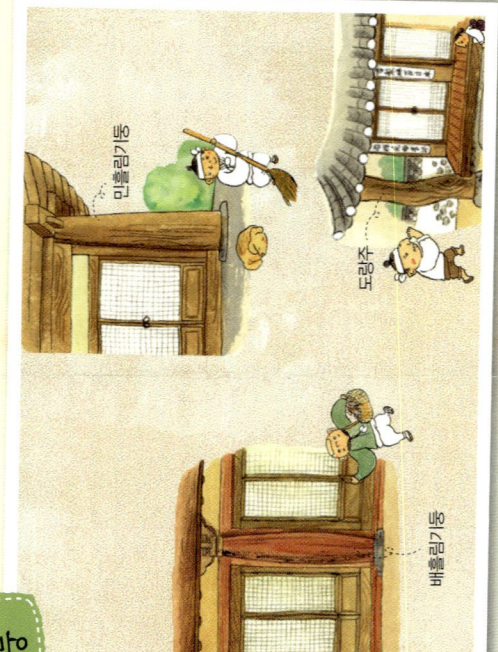

지붕을 떠받치고 있는 기둥의 모양에 따라 집채가 주는 느낌이 달라져요. 지붕의 용마루와 추녀가 아름다운 선을 만들어 내듯이 기둥 또한 한옥의 아름다운 선을 잘 살리고 있어요.

지붕

눈이나 비, 햇빛 등을 막기 위하여 집의 꼭대기 부분을 덮는 지붕은 집에서 가장 중요한 부분이라고 할 수 있어요. 지붕을 기와나 초가 외에도 각 지역에 따라 환경에 어울리는 독특한 지붕을 만들기도 했어요.

창호

한지는 우리나라 전통적인 방법으로 만든 종이예요. 그래서 조선종이'라고도 하는데, 재질이 우수해서 오랜 세월 동안 그 아름다움을 간직해요. 한지는 주로 닥나무 껍질로 만들어요. 하지만 습지, 귀리집, 소나무, 버드나무, 뽕나무, 해조 등 다양한 재료로 각양각색의 한지를 만들기도 했어요.